KB170388

# 덩샤오핑 평전

邓小平

중국의 현대화 건설과 경제 대국화를 이끈 작은 거인

**덩샤오핑 평전**

# 머리말

덩샤오핑(鄧小平, 1904년~1997년)은 중국의 현대화와 개방을 주도한 중요한 정치인으로, 중화인민공화국의 국가주석이었다. 그의 생애는 중국 현대사에 큰 영향을 끼쳤다. 덩샤오핑은 1978년 중국공산당의 지도자로 부상하면서, 중국을 개혁과 개방의 길로 이끄는 중요한 결정을 내렸다. 이로써 중국은 경제 분야에서 빨리 성장하게 되었고, 외부와의 교류가 증가하며 국제사회에서 중요한 위치를 차지하게 되었다.

덩샤오핑의 경제개혁은 중국을 세계적인 경제 대국으로 이끌었다. 농업 중심에서 산업 중심으로의 전환과 외국 투자 유치 등의 정책으로 중국 경제는 급속하게 성장하였다. 그리하여 덩샤오핑은 중국을 국제사회에서 주요 플레이어로 만드는 데 주도적인 역할을 했다. 국제적인 협력과 무역 확대를 통해 중국은 국제사회에서 더 큰 목소리를 낼 수 있게 되었다.

그러나 덩샤오핑 체제하에서는 인권 탄압과 정치적 억압이 계속되었다. 특히, 민주주의 운동이 탄압받았는데, 이는 국제사회에서 강한 비판을 받았다. 그럼에도 불구하고 덩샤오핑은 중국을 전통적인 사회주의에서 현대화로 이끈 건설자로 평가받고 있다. 그의 개혁 정책은 중국을 세계적인 강대국으로 성장시키는 기반이 되었다.

이러한 의미에서 덩샤오핑은 중국 현대사에서 두각을 나타낸 역사적인 인물 중의 하나로 기억되고 있다. 그의 결정과 정책은 중국의 미래에 영향을 미치고 있으며, 그의 이러한 역할은 역사적으로 중요한 것으로 평가된다.

덩샤오핑은 이오시프 스탈린과 더불어 공과가 모두 극단적인, 공산권을 대표하는 개발 통치자이며, 나아가 가장 유명한 개발 통치자 중의 한 명으로 꼽힌다. 덩샤오핑은 마오쩌둥 집권 시절에 대약진운동과 문화대혁명의 실패 등으로 최빈국으로 전락한 중국을 개혁개방 체제로 돌려 혼합정치 체제를 완성하고 사회주의 실현에 필요한 생산력을 확보할 새로운 성장의 길을 이끌었다. 이를 통해 중국이 강대국의 지위를 되찾는 데 가장 큰 역할을 한 지도자라는 긍정적 평가를 받고 있다.

21세기 경제 강국으로 부상하고 있는 지금의 신중국을 이끈 지도자다. 마오쩌둥이 사회주의 지도자로서 국민의 나라를 만들었다면, 덩샤오핑은 국민의 나라를 부자 국가로 만들었다. 그는 '국민의 아들'로 국민의 건강과 복지를 위해, 즉 잘 사는 나라를 만들기 위해 시장경제를 이끈 작은 거인 위대한 정치 지도자다.

또 덩샤오핑은 중국 현대사에 큰 흔적을 남긴 인물로, 그의 생애와 업적, 과오와 의의는 다양한 시각에서 평가·논의되고 있다. 중국의 세계적인 영향력과 더불어 인권 문제 등의 과제는 그의 통치 시기에 대한 다양한 평가를 하게 해 준다. 덩샤오핑의 개혁개방 정책은 중국의 미래에도 큰 영향을 미칠 것이다. 덩샤오핑의 업적과 과오를 객관적으로 평가하고, 중국의 미래 발전을 위한 시사점을 도출하는 것이 중요하다.

덩샤오핑은 은퇴한 후에도 건강한 삶을 살았다. 한겨울에도 냉수마찰을 하고 수영을 즐겼다. 서재에서 손자들이 뛰어노는 소리를 들으면서 책을 읽었고, 국민들과 함께 자신을 닮은 나무를 끊임없이 심었다. 덩샤오핑은 대가족이 모인 집 안에서 그들이 바라보는 가운데 평화롭게 눈을 감았다.

이 책은 덩샤오핑의 출생에서부터 시작하여 사망할 때까지의 생애, 그의 정치 경력과 업적, 과오를 다룸으로써 덩샤오핑에 대한 객관적인 평가를 통하여 덩샤오핑을 이해할 수 있게 해 줄 것이다.

대한민국 토정로에서
이창호

# 목차

## 제3장 덩샤오핑의 경제개혁

# 제1장

# 덩샤오핑의 생애

## 01. 덩샤오핑의 출생

    덩샤오핑은 1904년 8월 22일 중국 쓰촨성 광안현의 유복한 집안
에서 태어났다. 태어났을 때 붙여진 이름은 덩시셴(鄧希贤)이다.
그의 아버지인 덩샤오창(鄧绍昌)은 부유한 지주였으며, 어머니 단
(淡)씨도 부유한 농가 출신이었다.

쓰촨성 광안현에 있는 덩샤오핑의 옛집

    광안현은 덩샤오핑의 고향으로 유명하다. 쓰촨성 광안현(四川省
广安县)은 중국 남서부에 있는 쓰촨성의 현이다. 면적은

2,198km² 이며, 인구는 약 150만 명이다.

광안현은 중국의 역사와 문화의 중심지 중 하나로 그곳에는 고대의 유적지와 사찰이 많이 남아 있다. 광안현의 주요 관광지로는 덩샤오핑의 생애와 업적을 기념하는 덩샤오핑 기념관이 있으며, 광안현의 명산인 화현산은 아름다운 자연경관을 자랑한다. 또한 중국에서 가장 오래된 사찰 중의 하나인 청룡사는 불교의 성지로 알려져 있다.

광안현은 광주~청두 고속도로와 연결되어 있어 교통이 편리하고, 근처에 광안공항이 있으며, 청두, 베이징, 상하이 등의 주요 도시와 연결되어 있다.

덩샤오핑은 16세에 고향을 떠났는데 94세의 나이로 세상을 떠날 때까지 자신이 태어나고 자란 고향인 쓰촨성 광안으로 돌아가지 않았다. 이는 덩샤오핑의 고향 사람들에게 당혹감을 안겨주었다.

덩샤오핑의 고향인 광안에는 지역 주민들에게 전해져 오는 전설이 있다. 샤오핑의 별자리는 '용'이다. 그래서 덩샤오핑이 자신은 용이기에 바다로 돌아가면 뒤돌아보지 않으니 고향으로 돌아갈 수 없다는 것이었다. 실제로 덩샤오핑은 광안에서 취장강을 거쳐 가령강으로 이동한 후 바다로 흐르는 양쯔강으로 들어갔다. 그러나 이것은 단지 전설일 뿐이며 덩샤오핑이 고향에 돌아오지 못한 실제 이유가 있다. 첫 번째 이유는 덩샤오핑이 업무를 수행하느라 매우 바빴기 때문이며, 특히 1956년 총서기가 되어 중앙서기국을 맡은 이후에는 밤낮으로 더욱 바빴다. 개혁개방 이후 국가에서는 더많은 것을 고려해야 했고, 경제특구를 시찰해야 하는 일도 잦았다. 이 모든 일에 그의 에너지와 시간이 많이 소모되었기 때문에 그는 고향을 방문할 시간을 낼 여유가 없었다. 결국 덩샤오핑이 너무 바빠서 베이징에서 일한 뒤 고향으로 돌아갈 수 없었다는 사실이 일반적이다.

게다가 덩샤오핑이 중앙정부로 이적한 후 그의 책임은 더욱 무거워졌고 업무는 더욱 바빠졌다. 하지만 그는 1950년대 후반부터 1980년대까지 쓰촨성을 9번이나 방문했다. 덩샤오핑은 청두에 돌아올 때마다 늘 시간을 내어 고향의 어른들을 만났는데, 이는 그가 여전히 고향을 그리워하고 있음을 보여주는 것이었다. 그의 부모와 고향 관리들은 그에게 고향인 광안으로 돌아올 것을 거듭 요청했지만, 덩샤오핑은 너무 바빠서 고향에서 정착할 수 없었다.

광안현의 주요 산업은 농업과 공업으로 중국의 주요 쌀 생산지 중의 하나이며, 다양한 공업단지가 있다. 광안현은 중국의 개혁개방 이후 빠르게 발전하고 있다.

쓰촨성 광안현에 있는 덩샤오핑의 옛집, 조부, 조모방

## 02. 덩샤오핑의 어린 시절

덩샤오핑의 모습

덩샤오창은 자녀 교육에 매우 개방적이었으며 자신의 자녀가 학교에 가야 한다는 것과 지식과 교육을 받아야 한다는 것을 잘 알고 있었다. 그래서 덩샤오핑은 다섯 살 때부터 사립학교에 다녔다. 사립학교에서는 주로 글을 읽고 쓰는 데 중점을 두었으며, 주로 『삼자경』, 『백성』, 『천자경』 등의 초등서를 읽었다. 덩샤오핑(鄧孝平)은 어린 시절부터 재능이 남달랐으며 기억력이 좋아 경문을 매우 빨리 이해하고 암송하여 선생님들로부터 칭찬을 자주 받았다.

덩샤오핑은 학교에서 서예를 배웠으며, 집에 돌아온 뒤에도 진지하게 글을 썼고 여가 시간을 활용해 글쓰기 연습을 했다. 선생님에게 칭찬을 받을 때마다 어머니는 삶은 달걀을 상으로 주셨다. 이러한 보상 덕분에 덩샤오핑은 서예의 기초를 다졌으며, 명필로서 손색이 없을 정도의 실력을 갖추게 되었다.

쓰촨성 광안현에 있는 덩샤오핑의 옛집 앞 호수

덩샤오핑은 2년 동안 사립학교를 다닌 후 1918년 여름 현 서쪽 슈핑산 기슭에 위치한 광안현 시싱향에 있는, 새롭게 설립된 중학교에 입학했다. 이 중학교는 일본에서 유학한 지역 혁명가 후광바이(胡广柏)와 아버지 덩샤오창이 함께 설립한 새로운 형태의 중학교였다.

중학교는 집에서 2km 정도 떨어져 있고 캠퍼스에서 생활했기 때문에 일주일에 한 번만 집에 갈 수 있었다. 덩샤오핑은 어른들에게 공손히 대했고 부모에게는 효도했다. 집에서는 어머니를 자주 도왔고, 동생들을 돌보았으며, 누나들과 동생들에게 시를 자주 낭송해 주었다. 덩샤오핑은 중학교 때부터 산수, 자연과학, 지리 등 새로운 과학 지식을 배우기 시작했고, 그가 공부한 중국어는 고전 중국어가 아닌 토착어였다.

쓰촨성 광안현에 있는 덩샤오핑의 옛집 실내 모습

## 03. 덩샤오핑의 프랑스 유학 시절

  중화민국의 초대 교육총장과 베이징대학의 총장을 지낸 중국 현대의 혁명가, 교육가, 정치인인 차이위안페이[1](蔡元培, 1868년 1월 11일~1940년 3월 5일), 나중에 중국 인민대학의 총장을 지낸 우위장(吳宇璋)[2], 리시쩡 등은 프랑스에서 근로 학습 프로그램을 옹호하고 사업을 추진했다. 그들은 청년 지망생들이 프랑스에 가서 일과 학습을 병행하여 선진문화와 과학을 배워 '과학으로 구국, 교육으로 구국'을 실현할 수 있기를 바랐다.

차이위안페이               우위장               리시쩡

1  만주족이 통치하던 청제국 시기에 저장성 소흥부(紹興府)의 한 상인 가정에서 태어났다. 1892년 진사에 합격, 한림원 편수(編修)의 관리직에 부임하였다. 그러나 청 말의 민족적 위기에 직면하자 교육 사업을 지향하여 관계로의 진출 의지를 꺾고 중국 교육회 및 애국학사를 만들어 혁명적인 청년의 육성을 위해 노력하였다. 1905년부터는 국민혁명당동맹회에 가입하여 활동하였으나 얼마되지 않아서는 곧 독일로 유학을 떠났다. 귀국 후 1912년에는 중화민국의 초대 교육총장이 되었고, 1916년에는 경사대학당에서 막 근대식 학교로의 변신을 꾀하는 중화민국 국립 베이징대학에 부임하여 학장이 되었다.

2  우위장(1878년 12월 30일~1966년 12월 12일)은 1925년 중국공산당에 입당했다. 중국의 정치인, 교육자, 교육자로 1950년부터 1966년까지 중국 인민대학의 총장을 지냈다.

차이위안페이는 1918년 베이징의 천안문 광장에서 '노동의 신성함'에 대하여 연설했다. 이 연설을 들은 젊은 학생들은 일과 공부의 병행에 대하여 급격하게 공감하였다. 이러한 공감대는 학생들 사이에서 빠르게 확산되어 학생들은 공부하면서 일도 해야 한다고 주장했다. 또한 학생들은 일과 학습, 학습과 생계의 결합을 통해 근면과 노동의 차이를 없애고 중국과 세계를 변화시켜야 한다고 말했다.

일-공부 사고는 유토피아적이고 개혁주의적이며, 많은 젊은 학생이 일-학습 공부를 위해 프랑스로 가는 것을 장려하였다. 이로 인하여 1919년 초부터 1920년 말까지 천 명이 넘는 학생들이 직업 학습을 위해 프랑스로 떠났다. 덩샤오핑은 1919년 5.4운동 이후 동급생들과 함께 일본 상품 불매운동에 참여했는데, 당시 그는 '공업을 통해 나라를 구한다'는 생각만 하고 있다가 차이위안페이의 연설을 듣고 나서 프랑스로 건너가 취업과 유학을 희망했다.

덩샤오핑은 15세 때 자신보다 세 살 많은 숙부인 덩샤오성(鄧少生)과 함께 광안을 떠나 충칭 일-공부 예비 학교에 다녔다. 덩샤오핑은 당시 반에서 가장 어린 학생이었다. 학교에는 총 110명의 학생이 입학하여 1년 동안 공부했다. 1920년 7월 19일 충칭 총상회에서 프랑스 취업예비학교의 졸업식이 거행되었는데, 83명의 학생이 프랑스로 갈 수 있었고 그중에서 덩샤오핑을 포함한 37명은 자비 유학생이었다.

1920년 10월 21일, 중불교육협회의 주선으로 덩샤오핑과 삼촌 덩샤오성 등 24명의 학생이 파리에서 200km 이상 떨어진 프랑스 북서부 노르망디 발레학원으로 유학을 떠났다. 바이외 중학교에 입학했는데, 교장은 20명이 넘는 중국인 학생들을 학교의 경영학과에서 공부하도록 주선하고 별도의 수업을 진행했다. 학교에서는 중국 학생들이 별도의 수업을 듣고 주로 프랑스어와 비즈니스를 배웠다.

프랑스 남부의 공업 도시인 크레조에는 프랑스 최대의 무기 공장인 슈나이더 제철소가 있었다. 이 공장은 독일 크루프 공장에 이어 유럽에서 두 번째로 큰 무기 공장이었다. 이 공장에는 철도, 기계, 총포 제조, 제철, 건설, 모래 주조, 전기 등의 부서가 있었는데, 이 중 총포 제조, 건설, 제철 3개 부서를 제외한 나머지 부서에 중국인 유학생들이 배치되었다.

슈나이더 공장의 기록보관소에는 덩샤오핑 관련 기록이 보관되어 있다. 공장 인사처의 채용 등록증에는 16세인 등희선의 근로자 번호가 07396으로 명시되어 있었다. 공장 입사 등록일은 1921년 4월 2일이며 중불 노동자위원회의 승인을 받았다.

등희선과 덩소성은 철강 압연 작업장의 철강 압연 작업자로 배치되었다. 철강 압연 작업장의 임무는 먼저 용광로에서 용강을 주조하여 강괴로 만든 다음 강판으로 압연하는 것이었다. 이 작업에는 전문적인 기술 교육이 필요하지 않았지만 매우 노동 집약적이며 종종 위험하였다. 강철(강봉 또는 강판)의 무게는 보통 수십~수백 kg에 이르며, 40도 이상의 고온 작업장에서는 작업자는 용강에 의해 붉게 반사되는 뜨거운 증기 속에서 긴 쇠집게를 사용해야 했다. 붉은색의 쇠를 붙잡아 뜨거운 쇠를 끌고 가다가 실수로 열연

강에 떨어지면 온몸이 타버렸다. 압연기에서 발생하는 사고는 물론, 압연기에서 철근이 튀어나와 무작위로 관통되어 인명 피해가 발생하는 사고도 있었다. 근로자들은 이러한 환경에서 일주일에 50시간 이상 근무하였으며, 때로는 야간 근무도 하였다.

이 공장에서 일하는 중국 학생들의 임금은 하루 12~14프랑에 불과할 정도로 매우 적었다. 당시 덩샤오핑의 나이는 16세에 불과했는데, 프랑스 규정에 따르면 18세 미만은 견습생으로만 일할 수 있었고 견습생의 임금은 하루 10프랑으로 매우 낮았다.

공장에서 20마일 떨어진 가이샤난 기숙사에는 근로장학생들이 거주하고 있었으며, 넓은 방에는 20명 이상이 생활하고 있었다. 기숙사 안에 구내식당이 있어 아침과 저녁을 먹을 수 있었고, 점심은 공장에서 빵만 가져와서 목마르면 수돗물을 마실 수 있었으며, 고기나 야채는 없었다. 구내식당의 음식은 외부보다 저렴했지만, 여전히 1인당 40~70상팀(100상팀이 1프랑)의 비용이 들었다. 돈이 없어 끼니를 크루아상 하나로 때울 때가 많았다고 한다. 학생들은 출근할 때 입을 작업복을 구입해야 했는데 작업복 한 벌의 가격은 20~30프랑이었다.

1921년 3월이 되자 덩샤오핑에게는 돈이 거의 남지 않았고 등록금을 내는 것도 어려워졌으며 일하는 것도 쉽지 않았다. 제1차 세계대전 이후 프랑스의 실업률은 엄청나게 높았고 프랑화의 가치는 하락했다. 특히 제1차 세계대전 이후 전쟁의 여파로 노동력 부족은 둘째치고 프랑스의 일자리 자체가 적어지면서 프랑스 측의 대우는 더욱 나빠졌다.

중국 근로학생들의 일-공부에 심각한 영향을 미치고 있자 400명 이상의 중국 학생들이 프랑스 주재 중국대사관에 가서 청원을 했고, 프랑스 정부는 프랑스 주재 중국 장관 대표들과 공동으로 '재프랑스 중국 청년 감독실'을 구성할 것을 제안했다. 직장에서 공부하지 않는 학생들의 일일 생활비는 6프랑이었으며. 수업료는 프랑스-중국 구호위원회에서 지급했다.

1922년 6월 3일, 유럽 중국 청년 공산당(청년 공산당)이 설립되었다. 8월 1일, 유럽의 중국 청년공산당 기관지인 『청년』이 창간되었다. 덩샤오핑은 이때부터 관심사를 공부에서 노동운동으로 바꾸어 1923년 말쯤에 유럽 중국 청년 공산당에 가입하고 조직 기관지인 『청년』에서 저우언라이[3]와 함께 편집과 출판에 참여하면서 공산주의운동을 시작했다.

1924년에 저우언라이를 포함하여 청년동맹의 지도자급들이 프랑스에서 모스크바로 떠난 뒤 덩샤오핑이 지도자급 위치에 오르게 된다. 그후 1924~1925년에 적광에서 세 편의 글을 썼는데 어조는 강렬해도 저우언라이의 글에 비하면 이론적인 뒷받침이나 문장의 완성도는 다소 떨어졌다고 한다. 이는 덩샤오핑이 중국에서 공부하던 시절과 프랑스 예비 유학생으로서 준비하던 시절에도 항상

———

3  장쑤성 화이안에서 태어나 일본 메이지대학, 베이징대학, 알리앙스 프랑세즈 등에서 머물며 활동하였다. 중국 난카이대학 재학 중 5.4운동에 참여하였고 프랑스, 영국, 독일 등 유럽 지역에서 국제공산주의자로 활동하기도 하였으며, 중국공산당 파리지부를 창설하고 귀국한 뒤에는 황푸군관학교의 정치부 부주임이 되었다. 중국공산당의 영수인 천두슈의 지휘 아래, 리다자오, 주더, 마오쩌둥, 취추바이 등과 함께 코민테른 활동을 하고 마오쩌둥 곁에서 중공의 종신 총리로 재임하였다.

성적이 중간에서 맴돌았던 것과 관련되어 있는 것 같다.

덩샤오핑은 프랑스를 떠나기 전에 자기가 일했던 자동차 공장과의 계약을 해지했는데 당시 공장장은 그의 사직 사유가 귀국이라고 말했으며, 근무 성적은 괜찮음, 전반적

파리에서 삼촌인
덩샤오성과 함께

저우언라이

태도는 양호함으로 평가했다. 그는 사직한 후 일시적으로 파리 화교협회에서 생활했으며, 4월 26일부터 프랑스 주재 중국대사관으로부터 하루 6프랑의 생활비를 받았다. 생활비로는 생계를 유지할 수 없었기 때문에 덩샤오핑은 시간제 일을 시작하였다. 기차역과 부두에서 물건과 짐을 나르고, 건설 현장에서 벽돌을 밀고 시멘트를 나르며, 청소부로도 일한 것이다. 10월 22일 덩샤오핑 외 11명은 프랑스-중국 구호위원회의 소개로 파리 10구에 있는 종이부채와 종이꽃을 만드는 공장에 취직하여 약 2주 동안 일했다.

1924년 저우언라이는 중국국민당 유럽지부의 전무이사 대행을 맡았고, 4월 덩샤오핑은 중국국민당에 합류했다. 7월, 중국 당 조직이 저우언라이를 중국으로 복귀시키기 위해 소환하자 덩샤오핑은 새 집행위원회(지부)의 위원으로 선출되었다.

1925년 봄, 덩샤오핑은 당 조직에 의해 중국공산당 리옹 지역 특별위원으로 임명되어 리옹 지역의 당 및 연맹 사업과 중국 노동운

동을 지도했다. 6월 21일 유럽에 거주하는 수백 명의 중국인이 프랑스 주재 중국대사관의 앞에 도착해 시위를 벌였다. 이후 중국공산당 간부들이 체포되었고, 덩샤오핑은 파리로 돌아와 당 조직의 지휘권을 맡았다. 덩샤오핑은 프랑스에서 1,000명 이상의 중국인이 참가한 반제국주의 집회를 조직하는 데 참여했다. 프랑스 경찰이 덩샤오핑을 체포하려고 하자 그는 중국으로 피신하기로 하였다.

덩샤오핑은 어차피 결국 중국으로 돌아가야 했기에 모스크바를 경유지로 삼으려 하였다. 1926년 1월 7일, 덩샤오핑(鄧孝平), 푸중(富忠), 리탁란(利趙然), 덩샤오성(鄧紹聖) 등 12명이 기차를 타고 프랑스에서 출발해 독일과 폴란드를 거쳐 1월 중순 모스크바에 도착했다. 덩샤오핑 일행은 독일 베를린에 일주일간 머물면서 독일 중국공산당 지부와 독일공산당 조직으로부터 열렬한 환영을 받았고, 독일공산당이 주최한 대중 회의에도 참석했다.

## 04. 러시아에서 공산주의를 배우다

1926년 1월 17일 덩샤오핑 일행은 모스크바에 도착해 동방노동자공산대학(모스크바 동방대학으로 불림)에 입학해 공부하다가 1926년 중순에는 1925년에 설립된 중산대학(中山大學)으로 편입했다. 중산대학에는 중국공산당원을 포함한 국민당 학생들이 모여들었다.

주로 정치 경제학(주로 자본론), 현대 세계관, 러시아 혁명 이론 및 실천, 민족 및 식민지 문제, 중국 혁명운동 역사, 세계의 일반사(혁명 운동의 일부), 사회 발전사, 철학(변증법적 유물론 및 역사적 유물론), 경제 지리학, 레닌주의, 군사 강좌, 러시아어 강좌 등을 학습하였다. 마르크스-레닌주의의 기초이론을 집중적으로 공부하고 연구하였다.

덩샤오핑은 여기서 자기 이론의 배경인 마르크스-레닌주의를 배웠는데 깊이 빠져들지는 않고 프랑스 시절처럼 어중간하게 공부했다고 한다. 그런데 아이러니하게도 이때 깊게 파고들지 않아서 극좌파 노선이 아니라 실용적인 성향을 보이게 된 것으로 생각된다.

덩샤오핑은 근면하고 웅변조로 말하기 때문에 동급생들로부터 '소포병(小火炮)'이라는 별명을 얻었다. 9월 16일 중국공산당 중앙위원회의 지시에 따라 덩샤오핑은 소련을 방문한 펑샤오와 동행하여 중국으로 돌아갔다. 1926년 말, 덩샤오핑은 중국으로 돌아가

혁명 활동에 참여하라는 명령을 받았다.

쓰촨성 광안현에 있는 덩샤오핑의 옛집에 있는 베틀

04. 러시아에서 공산주의를 배우다

## 05. 중국에서의 공산주의 활동


프랑스에서 5년, 소련에서 1년을 보낸 덩샤오핑은 마오쩌둥보다 세계 발전의 일반적인 추세를 더 잘 이해하고 중국에 대해 더 강한 통찰력을 가질 수 있었다. 덩샤오핑은 현대 국가의 산업과 상업, 소련이 현대화에 어떻게 대응했는지를 관찰할 수 있는 기회를 얻었다.

1926년 말, 당시 중국의 군벌인 펑위샹(冯玉祥)[4]의 밑으로 들어간 덩샤오핑은 정치적 선동 분야의 일을 맡아서 공산주의에 대한 강의를 하며 지냈다. 펑위샹은 소련과 연계하면서도 반공을 표방한 장제스와 합작하기로 결정한 상태였다. 난징 국민정부에 합류한 펑위샹은 덩샤오핑을 군에서 내쫓았다.

1927년 1월 12일, 덩샤오핑은 코민테른에 의해 20명의 다른 젊은 공산주의 정치 강사들과 함께 펑샤오로 파견되었다. 2월, 시안에 중산군정학교가 설립되었으며, 중국공산당 당원인 시커쉬안을 교

---

4　중화민국의 군벌, 군인, 정치인으로 직계군벌, 안휘군벌, 우한 국민정부, 난징 국민정부 등에 소속되어 있었으며 생애에서 수많은 배신행위를 했으므로 배반 장군이라는 별명이 있었다. 기독교를 신봉했기에 기독교도 장군(基督將軍)이란 별명도 있었다. 그의 군대는 서북군이라고 불렸는데 스스로는 '국민군'이라고 했다. 한때 그의 영지는 옌시산이 지배하는 산시성을 제외한 산해관 이남 화북 지역 전체를 아우를 정도로 세력이 강했다. 1948년 미국에서 소련을 거쳐 중국으로 돌아오기 위해 소련 국적의 여객선에 올랐으나, 흑해의 오데사 항에서 선박 화재로 사망했다.

평위샹                          저우언라이

장으로, 덩샤오핑을 정치 책임자와 정치 강사로 임명하였다. 덩샤오핑은 학교의 공산당 조직 서기직도 맡았었다. 덩샤오핑은 평샤오 휘하에서 제7연대 정치 위원을 지냈다. 4월에는 국민당과 공산당의 첫 번째 협력관계가 결렬되었다.

1927년 7월, 덩샤오핑은 당시 중국공산당의 본거지였던 우한(武漢)으로 가서 공산당의 중앙에서 일하게 된다. 7월 초, 덩샤오핑은 우한에 도착해 저우언라이와 섭룽전을 만났고, 중앙군사위원회의 소개를 받은 뒤 덩샤오핑은 중국공산당의 중앙서기로 일했다. 위원인 덩샤오핑은 주로 문서, 운송, 기밀 유지 등을 담당했으며 중앙위원회의 중요 회의에서 메모하고 일부 사소한 문서를 작성했다. 덩샤오핑은 당중앙을 따라 비밀 업무에 적용하기 위해 이름을 '시셴'에서 '샤오핑'으로 바꿨다. 당시 공산당 중앙은 전국 대부분의 당 조직과의 연락이 두절되었고 중앙기관도 별로 활동하지 않았다.

8월 7일, 중국공산당 중앙위원회는 대혁명 말기에 당의 오류를 반성하고 시정하며 새로운 노선과 정책을 수립하기 위해 한커우에서 긴급 회의를 소집했다. 같은 해 말, 중국공산당 중앙위원회가 비밀리에 상하이로 이주한 후 덩샤오핑은 중국공산당 중앙위원회

서기장을 맡아 주로 서기·기밀·운수·재정 업무를 관리했다.

1927년 8월 7일 8.7 긴급회의에 서기로 참석하여 마오쩌둥을 처음으로 만났다. 이때부터 마오쩌둥에게 매력을 느끼고 그의 공산주의 철학에 동조하였다.

1928년 1월, 저우언라이는 중국공산당 중앙 조직국의 주임으로 임명되어 중앙기관의 일상 사무를 담당하게 되었고, 덩샤오핑은 저우언라이를 비롯한 중앙 지도자들을 보좌하여 중앙기관의 일상 업무를 처리하였다. 덩샤오핑은 중국공산당 중앙위원회 서기장으로서 리웨이한(李维汉)[5]과 런비스(任弼时)[6]를 도와 중앙위원회의 일상 업무를 처리했다.

중앙 지도자들은 안전을 보장하기 위해 서로 모르는 사이에 끊임없이 주소를 바꾸었고, 덩샤오핑은 단선으로 연락을 취했다. 또한, 중국공산당 중앙위원회는 비밀 업무에 적응하고 효과적으로 업무를 수행하기 위해 절대 비밀주의 원칙을 지켰으며, 간부는 특정 직업을 표지로 사용했다.

1928년 초에 중산대학에서 같이 수학했던 동지인 장시위안과 결혼했는데 안타깝게도 2년 뒤 장시위안이 사망하였다. 그의 첫 번째 결

---

5    리웨이한(1896년 6월 2일~1984년 8월 11일)은 중국공산당 소속의 정치인이다. 1919년부터 1920년까지 프랑스에서 연구를 계속했다. 1984년 8월 공무를 보다가 사망했다.

6    모스크바의 동방노력자공산대학(동방대학)에 재학 중이던 1922년에 중국공산당에 입당했다. 1927년 중국 공산주의 청년단(공청단) 중앙서기처의 제1서기가 되었고, 1941년 당중앙 비서장, 1945년 당 중앙위원회 서기가 된다. 당시, 제6기 7중전회에서 선출된 마오쩌둥과 주더, 류사오치, 저우언라이, 런비스를 5대 서기라고 한다. 중화인민공화국 건국 직후인 1950년 10월 27일, 46세에 뇌일혈로 사망했다.

리웨이한             런비스

혼 생활은 그렇게 끝났다.

덩샤오핑은 한때 비밀을 유지하기 위하여 당 회의 장소로 식료품점을 열었으며, 나중에는 당 중앙위원회와 코민테른 대표자들 사이의 연락 지점으로 골동품 가게를 열었다. 5월 18일 덩샤오핑과 기타 좌파 중앙 조직은 당 조직의 변화, 발전, 비밀 활동을 규정하고 여러 가지 구체적인 조치를 제안하는 회람 제47호 초안을 작성했다.

6월 말, 덩샤오핑은 중국공산당 중앙서기처 부서기로 선출되어 신임 중앙서기인 샹중파의 업무를 보좌했다. 덩샤오핑은 주목받지 못했고 상하이어를 빨리 배웠기 때문에 그는 지하 활동을 위한 이상적인 연결자가 되었다. 8월 29일 덩샤오핑은 중국공산당 중앙정치국 상무위원회의 특별회의에 참석해 중국공산당 중앙정치국을 대표해 리리산의 중국공산당 제6차 전국대표대회 보고 내용을 들었다.

9월 상하이에서 덩샤오핑과 장샤이는 장샤오메이를 소개하여 중국공산당에 공식적으로 입당하게 하였고, 장샤오메이는 당 중앙위원회에서 일하며 중앙참모부의 자료를 정리하고 당의 비밀 통신 업무를 수행하였다.

11월 13일, 샹중파는 제6차 전국대표대회 이후 중국공산당 중앙 제3차 정치국 회의를 주재하여 중앙 부처의 업무 분배와 중앙 업무 계획, 특히 중앙비서장 후보 문제를 논의했다. 저우 총장은 중앙위원회 비서장이 주로 기술과 사무를 책임진다고 지적했고, 비서장은 반드시 중앙위원회 위원일 필요는 없다고 말했다. 회의에서는 중앙위원회 비서장이 반드시 중앙위원회 위원이 되어야 한다는 결정이 내려졌다. 중앙비서장은 중앙서기장으로 개칭되었고, 11월 14일, 중국공산당 중앙정치국 제14기 상무위원회는 덩샤오핑을 중앙서기장으로 임명하기로 결정했다.

1929년 7월 30일, 중국공산당 중앙정치국 회의는 덩샤오핑을 쓰촨성으로 보내 3개월간 시찰하기로 결정했다. 8월 27일 중국공산당 중앙위원회는 덩샤오핑의 중앙서기장직이 공석이 되자 샤오예로 교체하였다. 덩샤오핑은 항저우시 룽저우현에서 룽저우 폭동을 준비한 후 상하이로 가서 중국공산당 중앙위원회에 보고했다.

1929년 12월 11일과 1930년 2월 1일 각각 바이써봉기(百色起义)[7] 와 룽저우봉기(龙州起义)[8]를 일으켜 쥐장과 유장 기지를 세웠고, 중국 노동자와 노동당을 창설했다. 바이써에서는 덩샤오핑이 직접

---

7 1929년 말 중국공산당이 장제스와 국민당에 맞서 무기로 권력을 장악하기 위해 광시성 바이써에서 일으킨 성공적인 군사 폭동으로, 장개석과 광시 군벌 유씨 사이의 모순을 이용했다. 폭동은 중국공산당 광둥성 대표이자 중앙위원회 대표인 덩샤오핑이 주도하고 천호인이 지휘했다.

8 중국공산당 광시전선위원회가 주도하여 일으킨 무장봉기다. 1930년 2월 1일 봉기에 참여한 부대에는 쥐장군사위원회가 지휘하는 광시 제5경비여단 소속의 900명과 쥐장 각 현의 농민, 군인 1,000여 명이 포함됐다. 룽저우(龍州)에서 군인들이 포위되고 중국 노농홍군 창설이 발표되었으며, 홍8군으로 불리는 제8군은 좌강혁명위원회를 창설했다.

노동조합을 조직·발전시켜 각종 업종의 19개 노동조합 설립을 주도했고, 12월 초에는 바이써 노동조합연맹을 결성하고 바이써 노동자 홍위대대를 창설했다. 동시에 소련 정부가 공산당 활동을 지원하기 위해 줘장에서중국공산당 중앙위원회 동북특별위원회를 설립하였고 덩샤오핑은 홍7군 사령관과 정치위원으로 임명되었다.

룽저우봉기 기념화

05. 중국에서의 공산주의 활동

## 06. 실각


　1931년 8월, 덩샤오핑은 장시(江西)성 서진현(瑞金縣) 위원회의 서기가 되었고, 순무현(宣武縣)과 안위안현(鄭源縣)의 당 사업을 책임졌다. 9월 초부터 10월 초까지 루이진현 노농군 제3차 대회가 열렸는데, 여기서 덩샤오핑을 장시성 동부특별위원회를 대표로 임명하였다. 덩샤오핑은 장시성 동부특별위원회를 대표로 취임하자마자 뛰어난 중재 능력과 판결 능력을 발휘하여 지역의 정치적 소요 사태와 반혁명 운동을 진압하여 지역을 안정시켜 중국공산당으로부터 인정을 받기 시작하였다. 이후 장시성 간저우 루이진시가 중화소비에트공화국의 수도가 되었고, 덩샤오핑은 당서기직에서 물러난 후 군사위원회 총정치부의 비서장이 되었다.

　1932년 6월, 중국공산당 중앙위원회와 장시성 위원회는 장시성 후이창현에 덩샤오핑을 위원장으로 하는 후이창현중앙위원회(會昌中心縣委)를 혜창에 설립하기로 결정했다. 덩샤오핑은 당시 마오쩌둥에게 큰 존경심을 가지고 있었기 때문에 마오쩌둥의 지지자 중의 한 명으로서 후이창현 중앙위원회 위원장으로 활동하였다. 덩샤오핑은 후이창현 중앙위원회에서 마오쩌둥의 부농 노선 정책을 적극적으로 추진하고 후이창현의 인재를 모아서 지역 군대를 조직했다.

　중국공산당 중앙위원회와 장시성 위원회는 덩샤오핑의 공로를 높이 평가하고 그해 겨울에 후이창현 중앙위원회의 서기로 임명하였다. 후이창현 중앙위원회의 서기로 임명된 덩샤오핑은 후이창현, 순무현, 안위안현의 지도 사업을 탁월하게 이끌었고, 그 공로로 6개월 뒤에는 장시성 당위원회의 선전부장을 맡았다.

1933년 중국공산당에서는 소련파와 마오파 간의 당권 경쟁이 치열했는데, 마오쩌둥이 패배하면서 마오쩌둥 지지자였던 덩샤오핑은 처음으로 타도되었다. 당시 장시성 당위원회의 서기였던 리푸춘(李富春)[9]은 덩샤오핑이 퇴임한 지 몇 달이 지난 뒤 덩샤오핑을 다시 불러 그를 장시성 당위원회의 선전 담당관으로 임명했다.

3월 중순, 리푸춘은 덩샤오핑을 장시성 당 위원회의 선전부 장관으로 임명했다. 4월 15일, 중국공산당 소비에트 지역 중앙국이 후원하는 《투쟁》 신문은 기사를 게재하여 왕명의 '좌익' 교조주의를 반대하고 저항했으며, '도시 중심 이론'을 반대하고 적군의 세력이 약한 광활한 농촌 지역의 발전을 옹호했으며, 군사 모험주의를 반대하고 옹호했다. 적군을 심층적으로 유인하고, 지역 군대의 전력이 약화되는 것을 반대했으며, 홍군의 주력을 확장하고 다양한 무기와 군대의 개발을 옹호했으며 '좌파'의 토지 분배 정책에 반대

———

9  리푸춘은 어린 시절 프랑스로 유학을 떠나 프랑스 유학생들의 혁명 활동에 적극적으로 참여했다. 귀국 후 민족혁명군 제2군 부대 대표, 정치부장을 지내고 북방 원정에 참가하였다. 국민당과 공산당의 제1차 내전 당시 중국공산당 장시성 위원회 서기 대리, 홍군 총정치국 주임 대리, 홍군 제3군 정치위원을 역임했다. 그는 장정에도 참여했다. 산시(陝西)의 북부에 도착한 후 산시(陝西)·간쑤(寧肅)·닝샤(寧夏)성 당위원회 서기를 지냈으며, 항일전쟁 중에는 중국공산당 중앙위원회 조직부 부부장을 지냈다. 중국공산당 제7~10기 중앙위원, 제8기 중앙서기처 위원, 정치국 상무위원회 위원, 제2·3·4기 전국인민대표대회 대표를 역임했다. 리푸춘은 1975년 1월 9일 베이징에서 병으로 사망했다.

하고 토지의 균등 분배를 옹호했다.

덩샤오핑은 중국 공산당 내의 소련파 였던 왕밍(王明)[10] 세력으로부터 공격 과 비판을 받았다. 덩샤오핑은 큰 압력 을 받고 검열을 받 아야 하는 상황에

리푸춘                           왕밍

서도 자신의 원칙을 절대로 포기하지 않았다. 중국공산당 중앙위 원회 조직부장 리웨이한(李維漢) 등의 극좌 세력은 덩샤오핑의 정 치 노선을 비판했는데, 이는 본질적으로 마오쩌둥의 전략 정책에 대한 비판이었다. 이후 덩샤오핑은 점차 권력을 박탈당했고 성 당 위원회의 서기직에서 해임되었다.

덩샤오핑은 중국공산당 장시성 위원회의 선전부장 직위에서 해

---

10   왕밍은 1925년 중국공산당에 가입한 뒤 모스크바로 가서 쑨원대학에서 공부하다 가 1929년 중국으로 돌아왔다. 1930년에는 '입법삼노선'과 '화해주의'를 반대한다는 명목 으로 중국공산당 제6기 중앙위원회 3차 전원회의 이후 중앙위원회에 반대하고 좌경주의 정치강령을 제안했다. 1931년 1월 중국공산당 중앙위원회 제6기 4 중전회에서 소련의 지원을 받아 중앙위원회의 지도부를 장악하고 공산당 중앙위원회의 총서기 대행이 되었 다. 사실상 중국공산당 중앙위원회의 주요 책임자가 된다. 1931년 11월 모스크바로 가서 코민테른에서 중국공산당 대표로 활동했으며 계속해서 중국공산당을 장악했다. 그는 1937년 중국으로 돌아와 중공 중앙 서기처 서기, 중공 중앙 장강국 서기, 중앙통일전선 부장을 역임했다. 연안정화운동 이후 왕밍이 이끄는 국제파는 당 내에서 권력을 잃었다. 중화인민공화국 건국 이후에는 정무위원회 법제위원회 주임을 지냈다. 1956년 소련으로 가서 치료를 받은 뒤 1974년 3월 27일 69세의 나이로 사망할 때까지 그곳에 머물렀다.

임되고 홍군[11] 총정치부로 자리를 옮겨 총정치부의 공식 신문인 《붉은 별》을 편집했다. 그는 압력을 받아 자아비판을 했고 구치소에 갇혔다. 덩샤오핑은 '마오주의 지도자'로 불리며 심한 비난을 받았고, 덩샤오핑의 두 번째 부인인 진웨이잉(金維映)도 덩샤오핑을 비판하는 데 동참했다. 이때 진웨이잉은 이혼소송을 제기한 뒤 덩샤오핑의 동지인 리웨이한(李維漢)과 재혼했다.

비판 투쟁이 끝난 후 덩샤오핑은 성당의 선전부장직에서 해임되었고 당 내에서 최종적으로 엄중한 경고를 받았으며, 러안현 난춘구 위원회에 감찰관으로 파견되었다. 보름 후에 그는 다시 적군 총정치부로 옮겨졌다. 덩샤오핑은 닝두로 돌아온 뒤 기리촌으로 가서 노동을 감독했는데, 5차 대포위진압작전[12] 당시 홍군 총정치부는 인력이 부족했다. 임시 수장인 허창은 덩샤오핑의 오랜 친구였는데 왕자샹에게 등을 총정치부 서기장으로 추천했다. 덩샤오핑은 6월에 돌아와서 홍군의 정치장교로 근무했다.

---

11 　중국공농홍군 또는 단순히 홍군이라고 불리는데 이는 1927~1946년 사이의 중국 공산당의 무장조직을 말한다. 제2차 국공합작(1937. 9) 무렵, 편제상 국민당군에 편입되어 국민혁명군 제8로군(1937. 8)과 신사군(1939. 10)으로 불렸다. 1937년 9월 제8로군은 제18집단군으로 개편되었으나 여전히 팔로군이라 하였다. 일본의 항복 이후 국공내전이 시작되자 1947년 인민해방군으로 이름을 바꿔 오늘에 이르고 있다.

12 　중화소비에트공화국에 대한 중화민국 국민정부의 다섯 번째 대규모 토벌 작전. 제5차 위초 작전, 제5차 소공 작전, 제5차 초비 작전이라고도 한다. 실패로 끝난 이전의 4차례 토벌 작전과는 달리 중화소비에트공화국을 멸망시키고 중국공산당을 대장정의 길에 오르게 했다. 원래 섬서성까지 퇴각한 공산당에 대한 제6차 초공 작전으로 이어져야 했으나 서안사건이 발발하여 초공 작전은 이것으로 끝나게 되었다.

팔로군 시절 129사단 수뇌부. 좌로부터 리다, 덩샤오핑, 류보청, 차이수판

## 07. 대장정 참여

덩샤오핑은 1933년 당시 비주류였던 마오쩌둥을 지지하고, 대장정에 참여하였다. 항일전 내내 공산당의 팔로군(八路軍)에서 정치장교를 맡았다. 덩샤오핑은 팔로군 명장인 류보청과 함께 129사단을 이끌고 8로군 주류와 떨어져 옌안을 떠나 중원으로 이동하여 일본군 배후에서 항일전쟁을 치렀다. 류덩군이라고 불린 이 129사단은 큰 성공을 거두었으며, 덩샤오핑의 군사적 재능도 높이 평가되었다.

국공내전이 시작되자 8로군은 인민해방군으로 이름을 바꾸었고 129사단은 확대 개편되어 제2야전군이 되었다. 국공내전의 초기에 전체적으로 인민해방군은 밀리고 있었으나, 류덩군은 중원에서 국민당군을 견제하면서 산둥반도를 본거지로 하여 후방을 교란했다. 류덩군은 산둥반도를 장악했고, 1948년 말부터 전세는 전체적으로 역전되어 인민해방군이 국민당군을 몰아붙이기 시작했다.

5차 반포위 진압작전에서 중국국민당은 중국공산당을 기지 지역의 밖으로 몰아냈다. 중국공산당 중앙위원회와 홍군 본부가 루이진에서 철수하기 전날, 적군의 총정치국 부국장 겸 국장 대리인 리푸춘은 덩샤오핑을 전임하기로 결정했다. 1934년 10월 21일, 중앙홍군은 대장정을 시작했고, 덩샤오핑도 참여했다. 장정 초기에 덩샤오핑은 공산당의 활동 소식을 전달하는 《붉은 별》잡지의 편집과 출판을 맡아서 잡지를 발간하였다. 12월 18일에는 리핑에서 회의를 진행하여 덩샤오핑은 중국공산당 중앙비서장 겸 중앙칼럼 서기로 자리를 옮겼다. 원래 중앙칼럼 서기는 덩잉 차오가 맡아서 업무를 수행하였으나 결핵에 걸려서 더 이상 업무를 수행할 수 없어서 덩샤오핑이 겸직하게 되었다.

  1935년 1월, 마오쩌둥과 저우언라이의 추천으로 덩샤오핑 중앙서기장이 쭌이회의에 참석하여 회의록의 작성을 맡았다. 덩샤오핑은 비서로서 회의에 참석할 수 있었다. 5월 12일, 덩샤오핑은 쓰촨성 회리현 교외에서 열린 중국공산당 중앙정치국 확대회의에 참석했다. 6월 26일 양허구 회의 이후 중앙위원회는 덩샤오핑을 제1홍군 정치부 선전부장으로 임명하기로 결정했고, 류잉은 덩샤오핑을 대신해 중앙비서장을 맡았다. 당 내에서 장궈타오(张国焘)[13]의 분열이 발생한 후, 펑더화이(彭德怀)[14]와 덩샤오핑은 홍군 우군의 주

---

13    장궈타오(1897년~1979년 12월 3일)는 1920~30년대 중국공산당의 창립 멤버이자 혁명가다. 1938년 중국공산당을 탈퇴하고 중국국민당에 투항했다가 중화인민공화국의 성립 직전에 영국령 홍콩으로 도망쳤고 그 후 캐나다로 망명하였다.

14    펑더화이(1898년 10월 24일~1974년 11월 29일)는 중화인민공화국의 군인, 정치인이다. 중국 10대 원수 중의 한 사람이다. 후난성 출신으로, 어려서 양친을 잃고 9세 때부터 노동에 종사하여 어린 시절에는 광부, 막노동꾼으로 전전하였다. 1916년 탕셩즈 군벌의 사병으로 들어갔다가, 이후 국민당군의 장교가 되었다. 이후 국민당의 북벌에 참가하고, 1928년 2월 중국공산당에 가입했다. 국공합작의 결렬 이후, 휘하 부대를 이끌고 후난성 핑장에서 궐기하였다가 나중에 마오쩌둥과 주더의 해방구에 합류했다. 제2차 국공합작이 성립되자 팔로군으로 항일전에 나서, 1940년 화북 지역에서 100여 개의 연대를 동원한 '백단대전'을 지휘했다. 이때 일본군을 물리치는 데 공을 세웠고 팔로군도 적잖은 피해를 입었다. 일본의 항복 이후, 국공내전 때는 서북인민해방군(후에 제1야전군)을 맡아 1948년에는 국민당군에 함락되었던 옌안을 되찾았고, 이후 계속 서진하여 서부의 국민당군에 맞섰다. 1966년 문화대혁명이 시작되자, 마오쩌둥에게 반기를 들었던 펑은 마오쩌둥을 종교적으로 숭배하는 홍위병의 공격 대상이 되어 박해를 받았고, 폭행과 조리돌림을 당하기도 했다. 1974년 베이징에서 암으로 사망하였다.

요 지휘권을 맡았다.

장궈타오

펑더화이

9월 12일, 중국공산당 중앙위원회는 정치국 확대회의를 열고 군사위원회 대열과 제1 홍군의 주력 부대를 중국 노동자 산시-간쑤 분견대로 개편하기로 결정했다. 10월 19일, 덩샤오핑은 산시-간쑤 분견대와 함께 산시성 북부의 우치진에 도착했다.

## 08. 말라리아에 걸리다

10월 29일 장정군이 산시(陝西)의 북부에 도착했을 때 등(鄧)은 심한 말라리아에 시달렸는데 장쉐량(張雪良)이 약과 물질적 도움을 주었기 때문에 생명이 위태로운 상태에서 벗어날 수 있었다. 중국공산당은 장정(長征) 과정에서 막대한 손실을 입었다. 장시(江西)에서 출발할 당시 병력은 약 8만 6천 명이었는데 많은 사람이 길에서 죽었고 일부는 탈영했다.

1935년 10월 산시(陝西)-간쑤(甘肅)-닝샤(寧夏) 국경지대에 도착했을 때, 병력이 줄어들었기에 덩샤오핑은 장정 기간에 규율을 유지하기 위한 선전을 담당했으며 마오쩌둥과 대화할 기회가 많았다. 직라진 전투가 시작된 후 등수홍 제1군단 정치부장이 최전선에 나가 전투 상황을 파악했다.

덩샤오핑은 항일민족통일전선의 정책 선전을 제1 홍군 정치부 선전부의 가장 중요한 임무로 여겼다. 1936년 2월 5일, 등수홍의 제1군은 동부 원정을 시작했다. 5월, 중국공산당 중앙위원회는 동방 원정에서 홍군을 산시성 북부 지역으로 철수하기로 결정했다. 5월 18일, 중국공산당 중앙위원회는 옌안 태향사에서 정치국 확대회의를 소집했고, 회의가 끝난 후 동북인민해방군의 정치위원 뤄룽환(罗荣桓)[15]은 홍군대학의 교사로 전근되었으며 덩샤오핑이 뤄룽환의 직책을 이어받았다.

장쉐량

뤄룽환

7월 9일부터 7월 19일까지 덩샤오핑은 중앙혁명군사위원회로부터 제81사단과 제15 홍군 소속 제75사단의 정치사업을 시찰하라는 임무를 받았다. 그해 겨울, 덩샤오핑은 장티푸스에 걸려 오랫동안 혼수상태에 빠져 생명이 위태로워졌는데, 장쉐량[16]군이 제1홍군에게 제공한 연유 통조림 덕분에 겨우 회복되었다. 12월 14일, 중앙혁명군사위원회는 덩샤오핑을 제1홍군의 정치국장으로 임명했다.

---

15    후난성 형산현 난완촌 출신으로 중국 프롤레타리아 혁명가, 군사전략가다. 중국 인민해방군 지도자 중의 한 명이자 중화인민공화국 원수 중의 한 사람이기도 하다.

16    옛 청나라 랴오닝성 하이청 출신으로 20세기 초엽 군벌시대의 주역 가운데 한 사람이다. 1936년 12월 12일을 기하여 시안(西安)에서 장제스(蔣介石)를 구금하고 제2차 국공합작 관련 요구를 한, 이른바 시안사건을 주도하였다.

## 09. 항일전쟁

1938년 1월, 덩샤오핑은 팔로군 제129사단 정치훈련부장으로 임명되었다. 1937년 6월 14일, 중앙혁명군사위원회는 덩샤오핑을 중국 노농적군의 총정치부 부주임이자 적군 정치부 부주임으로 임명하기로 결정했다. 7월 7일 노구교 사건[17]이 발발하자 전국적인 항일전쟁이 시작되었다.

7월 28일, 중국공산당 중앙위원회는 홍군의 개편을 8월 15일에 완료하고 8월 20일에 일본과의 전투에 파견하기로 결정했다. 개편후, 홍군은 총사령부를 설치하기로 했다. 총사령관은 주더(朱德)[18], 부사령관은 펑더화이, 정치국장은 런비스, 덩샤오핑이었다.

국민당과 공산당의 2차 합작 협정에 따라 중국 노농적군은 8월

---

17　루거우차오사건(노구교사건, 마르코 폴로가 이 다리를 언급한 적이 있었기에 서양에선 '마르코 폴로 다리'라고도 부른다.) 또는 7·7사변은 1937년 7월 7일에 베이핑(현 베이징시)의 서남쪽 방향에 있는 루거우차오(루거우 다리)에서 일본군의 자작극으로 벌어진 발포 사건으로, 중일전쟁의 발단이 되었다. 이 사건을 계기로 일본 제국과 중화민국은 전쟁 상태에 돌입하였는데, 그 후 전선을 확대하게 되었다.

18　주더(중국어: 朱德, 병음: Zhū Dé, 한자음: 주덕, 1886년 12월 11일~1976년 7월 6일)는 중화인민공화국의 군인, 정치인, 중국공산당 지도자다. 자(字)는 위제(玉阶, 옥계)로 중국 10대 원수 중의 한 사람이다. 개국 원수라고 불릴 만큼 중화인민공화국 정부를 수립하는 데 큰 공을 세웠다. 한국전쟁에도 참전하였으며, 1954년 9월 27일부터 1959년 4월 27일까지 중화인민공화국의 초대 국가 부원수를 지냈다.

노구교                          주더

22일 민족혁명군 팔로군으로 개편되었다. 덩샤오핑은 총정치국 부
국장으로 임명되었다. 팔로군은 저우언라이(周恩來) 등과 함께 태
원(台源)으로 가서 통일전선에 참여하였다.

8월 25일, 뤄촨에서 열린 중국공산당 중앙정치국 확대회의에서
중앙혁명군사위는 홍군 총정치부를 팔로군 정치부로 개편하기로
결정했다. 런비스는 주임, 덩샤오핑은 부국장으로 각각 임명되었
다. 12월 13일, 중국공산당 중앙정치국 회의에서는 덩샤오핑이 제
129사단 정치교육부장을 맡기로 결정했다.

## 10. 국민혁명군의 군복을 입다

1937년 덩샤오핑은 국민혁명군의 군복을 입었다. 1938년 1월 5일, 중국공산당 중앙군사위원회는 덩샤오핑을 제129사단 정치훈련처장으로 공식 임명했다. 덩과 그의 사단장 류보청은 함께 일본과 싸웠다.

1월 초, 덩샤오핑은 '신병 및 정치 활동가 모집'이라는 기사를 썼다. 덩샤오핑은 제1서기로 임명되었고 류보청(劉伯承)은 제2서기로 임명되어 덩에게는 더 큰 권력과 군대가 전쟁을 시작하기 전에 정치적인 준비를 하고 주변 환경을 판단할 권리가 주어졌다.

실제로 덩샤오핑은 8년간의 항일전쟁 당시 산시성 태항산맥의 최고 정치 지도자였다. 2월 덩샤오핑은 사단의 주력군을 핑한로의 동쪽으로 진격시켜 먼저 시양(西陽)을 공격하였다. 덩샤오핑은 수만 명의 지역 주민과 군대에게 충분한 식량을 제공하는 동시에 충분한 환금작물[19]을 생산하고 지역 산업이 충분한 옷감과 기타 생필품을 생산할 수 있도록 자급자족하는 경제체제를 구축하기를 원했다. 또 덩샤오핑은 군대를 이끌고 허베이 남부 평야에 항일 기지를 구축했다.

5월 이후 덩샤오핑은 여러 차례 태항산을 떠났고, 제129사단 주

---

19   시장에 내다 팔기 위해서 기르는 작물. 사전적 정의에 따르면 사실상 모든 작물이 환금작물이 되므로, 실제로는 벼, 밀 등의 주식 작물을 제외한 화훼를 뜻함.

력부대를 지휘해 동쪽으로 하북성 남부로 진격해 평야에서 게릴라 전을 벌였다. 9월 29일부터 11월 6일까지 덩샤오핑은 옌안에서 열린 중국공산당 확대 제6기 중앙위원회 제6차 전체 회의에 참석해 현지 사업을 보고했다. 11월 23일 덩샤오핑은 옌안에서 시안으로 돌아와 태항 전선으로 복귀할 준비를 했다.

덩샤오핑은 부하들에게 매우 엄격했고 싸움에 무모했으며, 중국 국민당의 간첩으로 의심되는 병사들은 처형하였다. 덩샤오핑은 일본 군대와 가장 가까운 곳에 머물렀고 이론을 공부할 시간이 거의 없었다. 류와 덩샤오핑은 1937년부터 1945년까지 산시-허베이-산둥-허난 기지를 개방했고, 덩샤오핑은 기지 지역의 당위원회 제1서기를 지냈다. 그는 모든 반일을 단결시키기 위해 중국공산당의 이념을 선전하고 지주를 위한 '소작료 감면 및 이자 인하', 농민을 위한 '소작료 및 이자 지급'과 같은 정책을 추진할 것을 주장했다.

1939년 4월 29일, 덩샤오핑은 옌안에 도착했다. 7월, 덩샤오핑은 중국공산당 중앙정치국 확대회의에 참석했다. 8월 옌안에서 주오 린(卓琳)과 결혼했다. 주오 린은 북경대학 물리학과에서 공부했으며 한때 덩샤오핑은 공산당 간부 중에서 뛰어난 사람이었다고 말했다. 8월부터 2월까지 덩샤오핑과 류보청은 제129사단을 이끌고 팔로군 본부에 참여하여 '백연대 작전'[20]을 승리로 이끌었다.

---

20　펑더화이가 이끄는 국민혁명군 소속 중국공산당의 사단이 화중 지역에서 일본 제국 육군과 맞서 싸운 전투다. 이 전투는 오랫동안 중국공산당 역사의 선전 도구로 활용되었지만, 문화대혁명 때 펑더화이의'범죄'로 규정되었다.

　　　　　　　　　　　10. 국민혁명군의 군복을 입다

1943년 1월 25일부터 2월 21일까지 태항지부는 서현현 원촌(文村) 교회에서 덩샤오핑이 주재하는 '원촌회의'로 역사에 알려진 고위 간부회의를 열었다. 8월 1일, 중국공산당 중앙정치국은 북부국, 태항지국 등을 소집해 펑더화이가 제7차 전국대표대회에 참석하기 위해 옌안에 있는 동안 덩샤오핑에게 북부국 서기 대행직을 맡기기로 결정했다.

10월 6일, 중앙군사위원회의 결정에 따라 제129사단은 팔로군 사령부와 합병하여 제129사단 명칭을 그대로 유지하고 태항군을 창설하였다. 지역, 팔로군사령부와 제129사단총사령부를 사무소로 통합하고, 팔로군사령부, 제129사단총사령부, 태항군구의 병참 업무를 모두 통합하고, 팔로군사령부가 태항군을 직접 지휘하였다.

1945년 6월, 덩샤오핑은 중국공산당 제7차 전국대표대회서 중앙위원으로 선출되었다. 8월 20일, 중국공산당 중앙위원회는 중국공산당 북부국을 폐지하고 덩샤오핑을 서기로, 보이보를 서기로 하는 산시-허베이-루위 중앙국을 설립하기로 결정했다. 동시에 산시(山西)-허베이(河南)-로위(瑯瑯)군구를 설치하고 류보청(劉伯成)을 사령관으로, 덩샤오핑을 정치사령관으로 삼았다.

## 11. 2차 국공내전

1949년 장강 도하 전투 당시 등과 유보청(劉伯成)[21]이 직접 전선에 나가 전투를 벌였다. 장강 도하 전투가 끝난 후 중국 동북, 북방 일대를 완전히 장악한 중국 홍군은 상하이로 진격하기 위해 장강을 도하하게 되었다. 그 후 난징까지 함락한 중국 홍군은 난징의 총통부에 홍기를 내걸게 되었다.

난징 사수를 위해 결사 항전했던 국민당 정부는 난징에서 참패하고 광저우로 퇴각했다가 광저우마저 함락당하자 충칭으로 퇴각하기에 이르렀다. 결국 장제스는 장강 도하 전투에서 패배하여 타이완섬으로 도망가게 되면서 중국 대륙에는 중국공산당 정부가 수립되었다.

1945년 8월 15일 일본은 무조건 항복을 선언했고, 9월 2일 일본

---

21　유보청은 어릴 때 입대하여 호국전쟁과 수법전쟁에 참전하여 오른쪽 눈을 다쳐 장애를 입었다. 1926년 중국공산당에 가입해 쓰촨성에서 군대에 입대하여 능력을 인정받아 제15군 임시사령관을 지냈다. 1927년 난창봉기(南昌起爭)에 참여 하고 중국공산당 옛적위원회 비서장을 역임했다. 제1차 내전 당시 중공중앙 장강국 군사위원회 서기, 홍군학교 교장, 정치위원, 홍군 총참모장을 역임했다. 육군 서부지원군 사령관으로 장정에 참가했다. 항일전쟁 당시에는 팔로군 제129사단 사령관을 지냈고 산서-하북-산둥-하난 국경 지역을 개척하였으며 백연대 작전에 참여했다. 1958년 류보청은 이른바 '교조주의'로 인해 펑더화이(彭德懷) 등으로부터 비난을 받은 뒤 군부에서 물러나 전국인민대표대회 상무위원회 부주석, 당 부주석을 역임했다. 중국공산당 중앙군사위원회 제8~11기 중앙정치국 위원이었다. 1986년 10월 7일, 베이징에서 병으로 사망했다.

은 항복 문서에 서명했다. 1945년 겨울, 산시-허베이-산동-허난 야전군이 창설되어 상당(塘塘) 전투에서 안희산(延喜山)의 국민당군 35,000명을 전멸시켰다.

1946년 8월, 류보청과 덩샤오핑의 군대는 천이(陈毅)[22]의 화동 야전군과 협력하여 싸웠고, 덩샤오핑은 중앙 평야국의 제1서기로 임명되었다. 1947년 5월 15일, 중국공산당 중앙평원국이 설립되었으며, 덩샤오핑이 서기로, 정웨이산(鄭維三), 리셴녠(李先念), 리쉐펑(李雪峰)이 부서기로 임명되었다. 유보청과 덩샤오핑은 군대를 중부평원의 한쪽에 있는 대비산(大結山)으로 진격시키라는 명령을 받았는데, 마오쩌둥이 동원한 직접적인 목적은 국민당군을 북서쪽에서 몰아내고 중부 평원의 근처에 기지를 건설하려는 것이었다.

유보청과 덩샤오핑은 군대를 이끌고 황하를 남쪽으로 건너 대벽산에 진입했다. 이 기간에 덩과 유보청은 농지 개혁 문제 때문에 극렬하게 대립했다. 유보청과 덩샤오핑의 군대에 속한 많은 사람이 전투에서 죽거나 굶주림과 추위에 시달렸고, 생존자들은 어렵고 위험한 상황에 놓여 있었으며 적의 공격이나 보급품 부족으로 손실을 입는 데 극도로 취약했다.

---

22　쓰촨성 러즈현의 중산층 지식인 가정에서 태어났다. 1916년 청두 갑종공업학교에서 공부하고 1919년, 덩샤오핑과 저우언라이와 마찬가지로 일하며 공부하는 '근공검학' 프로그램에 의해 프랑스에 유학하였다. 1921년 중국 유학생을 대상으로 한 학생운동을 이끌었다는 이유로 중국으로 강제 송환되었고, 1923년 중국공산당에 입당하였다. 마오쩌둥이 이끄는 홍군에 가담했고, 여러 군직을 거치며 지휘자로 부각되었다. 제2차 국공합작이 성립되자 신사군을 맡아 화남 지방에서 일본군과 싸웠다. 외교관과 시인으로서도 유명하다. 자는 중홍(仲弘)이며 중국 10대 원수 중의 한 사람이다

1948년 3월, 덩과 류보청(劉伯承)은 대비산맥에서 주력 부대를 이끌고 천이, 수유(粟裕)[23]의 야전군 천경(陈赓), 셰푸즈(謝富治) 그룹과 연합하여 중부 평원에서 힘을 합쳤다.

중국공산당 중앙위원회는 9월 8일부터 8월 13일까지 시바이포에서 정치국 회의를 열었고, 이를 '9월 회의'라고 부르기도 했다. 10

23    후난성 제2사범대학에서 공부하고 1927년에 중국공산당에 가입했다. 중국 노농적군에 입대해 남창봉기, 쇼난봉기에 참여했고, 이후 징강산에 입성해 5대 포위탄압전쟁에 모두 참전했다. 대장정 이후 중앙홍군은 남쪽에 머물면서 게릴라전을 조직했다. 그는 홍군 제1군 대대장, 사단장, 제7군, 제10군 참모총장, 전진사단 사령관, 복건성 및 저장군구 사령관을 역임했으며, 국방군의 발전에 참여했다. 항일전쟁에 참전하여 신사군 제2분견대 부사령관, 선발분견대 사령관, 신사군 강남 및 강소북부 사령부 부사령관을 역임하고 황교 전투를 지휘하였다. 만난사변 이후 그는 신사군 제1사단 사단장, 정치위원, 중부 장쑤성 및 절강성 위원회 서기를 역임했다. 이후 그는 제6사단장을 맡아 처교 전투에 참전했다. 제2차 국민당과 공산당 간 전쟁 당시 중화 야전군 사령관, 화동 야전군 부사령관, 사령관 대행, 정치위원 대행, 부사령관, 정치부2부위원을 역임했다. 제3 야전군 사령관 대행, 정치위원 대행을 맡아 장쑤성 전투, 수북성 전투, 루난 전투, 라이우 전투, 수성 전투를 지휘했다. 명량구 전투, 동부 허난 전투, 제남 전투, 상하이 전투, 회해 전투, 도하 전투의 지휘에 참여했고 중국공산당 제7기 중앙위원회 후보위원이자 중국공산당 제8~11기 중앙위원회 위원이었다. 소유는 1958년 군사위원회 확대회의에서 부당한 비난을 받았고, 사망한 지 10년이 지난 1994년까지 완전히 복권되지 못했다.

천이                      류보청

수유　　　　　　　　　　　천경

월 22일 저녁, 중원야전군이 정저우를 점령하자 덩과 천이는 그날 밤 정저우로 달려가 대동로에 있는 구 국군 정저우 회유처에 머물렀고 군대에게 즉시 동쪽의 카이펑으로 진군하라고 명령했다. 국군은 도시를 버리고 다음 날 카이펑을 직접 점령했다.

셰푸즈　　　　　　　　　　허룽

## 12. 국민당군을 물리치다

회해 전투(济南战役)[24]에서 중국공산당은 병력을 투입하는 것 외에도 100만 명이 넘는 농민을 동원해 군대에 보낼 곡물과 군수품을 수송했고, 수송 수단으로 70만 마리 이상의 가축을 징발했다. 마오쩌둥은 총전선위원회의 설립을 명령하고 여기에 인민해방군 병사 50만 명을 포함했다. 덩샤오핑 총서기는 최전선 부대의 전략적 지휘를 담당했다. 그리고 다양한 해방 지역에서 토지개혁과 정치개혁을 목표로 관련 활동을 펼쳤다.

류보청은 병력의 안전을 염려해 국군의 우월한 화력을 견디기 위해 더 많은 참호를 파려 했으나 덩샤오핑은 공격을 고집했고, 나중에 일부 사람들은 덩샤오핑이 초기에 군대를 위험에 빠뜨렸다고 비난했다. 불필요한 사상자를 발생시키고 더 많은 방어 시설을 구축하지 않았다는 것이다.

1949년 3월 14일, 중앙위원회에서는 덩샤오핑이 화동국의 첫 번째 서기, 라오 슈시가 상하이 시당위원회의 두 번째 서기, 천이가

---

24  제2차 국공내전 도중 1948년 9월 16일~9월 24일에 벌어진 전투다. 중공군 화동야전군이 산동성의 중심 도시이자 주변 지역 보급 중심지로 당시 인구 60만의 도시였던 제남을 포위하고 함락했다. 해당 전투는 회해전투로 이어졌다. 제남 수비군은 천이가 이끄는 화동야전군이 도시 남쪽의 철로를 장악한 1948년 여름에 고립되었다. 도시 방어의 책임자는 왕야오우로 그는 정규 여단 9개, 경비 여단 5개, 10만에 이르는 특수 병력을 거느리고 있었다. 지난 전역에서의 패배 이후 왕야오우는 중공군에 포로로 끌려갔다.

세 번째 서기 및 상하이시장을 맡는 것으로 결정되었다. 류보청은 난징시장이자 시 당위원회의 서기가 되었다. 4월 21일 인민해방군은 저항군을 쉽게 격파하고 넓은 장강을 건너 난징시를 점령했다.

7월 16일, 중국공산당 중앙위원회는 덩샤오핑, 류보청, 허룽(贺龙)[25] 등이 참여하여 덩샤오핑을 제1서기로, 류보청을 제2서기로, 중앙 서남국을 구성하기로 결정했다. 9월 21일부터 9월 30일까지 중국인민정치협상회의 제1차 전체 회의가 중난하이 회인 회관에서 성대하게 거행되었고 덩샤오핑이 중앙인민정부의 간부로 선출되었다.

1949년 10월 19일, 중앙인민정부는 중국 전역에 있는 중앙인민정부 산하의 군사 실력자들을 통제하기 위한 인민혁명군사위원회를 설립하고 덩샤오핑을 군사위원으로 선출하였다. 11월 23일, 중국공산당 중앙서남국이 설치되면서 덩샤오핑은 서남국 제1서기로 임명되어 서남 지역의 당무를 장악하게 되었다.

1950년 2월 8일, 충칭에서 류보청을 주석으로 하는 서남군정위원회가 설립되면서 허룽, 숭커우, 류원후이(劉文輝)[26], 룽윈(龙

---

25   중국공산당의 지도자이자 농민 게릴라의 사령관이었다. 중화인민공화국의 수립 이후 중화인민공화국 원수의 직위까지 올랐다.

26   중화민국의 군벌. 사천성의 군벌로 류샹과 사천성의 패권을 두고 싸웠으나 이류지전에서 패배하였다. 국공내전 이후 중국공산당에 투항했다.

云)[27] 등과 함께 부주석으로 추대되었는데 허룽을 제외한다면 대부분 항복한 사천 군벌 찌꺼기들을 명예직으로 임명한 것이었으므로 덩샤오핑이 실세였다. 2월 22일, 그는 서남군구가 설립되면서 초대 정치위원에 임명되었다.

——

27  중화민국의 군벌. 윈난성의 군벌로 십여 년간 윈난성의 지배자였으나 장제스에게 숙청당하고 중화인민공화국에 합류했다. 그는 윈난성을 지배하면서 권위주의적 통치보다는 산업 장려와 여성 인권, 근대화에 적극적으로 힘썼다. 모호하고 유연한 좌파 성향 등으로 인해 많은 역사학자가 그를 중국 진보주의운동의 역사적인 인물로 평가한다.

류원후이                          룽윈

# 제2장

# 덩샤오핑의 정치 경력

## 01. 중화인민공화국의 건국

1949년 10월 1일 중화인민공화국이 선포되었다. 덩샤오핑은 중
원국 제1서기이자 제2야전군 대표로서 중화인민공화국 건국식에
참석했다. 덩샤오핑은 역서 중화인민공화국 중앙인민정부 위원,
중국인민정치협상회의 위원, 중소우호협회 집행위원회 위원으로
임명되었다.

중화인민공화국을 선포하는 마오쩌둥

10월 19일 인민혁명군사위원회가 구성되었다. 위원장은 마오쩌 둥, 부주석은 주더(朱德), 류샤오치(刘少奇)[1], 저우언라이, 펑더화 이, 쳉 치안(宋宁)[2], 부주석은 허룽, 류보청, 천이, 린뱌오(林彪)[3], 쉬샹천(徐向前)[4]이었다.

1949년 12월 2일, 덩샤오핑은 서남군사정치위원회의 부주석을 맡았다. 1949년 말, 덩샤오핑은 서남군구 정치위원, 서남 지역 재정 경제위원회 위원장을 역임했다. 그는 재임 기간에 운남의 아편굴 을 완전히 없애고 소수 민족과 한족 간의 관계를 균형적으로 유지 했으며 농지개혁 등을 시행했다.

---

1   류사오치는 후난성 출신으로 중화인민공화국의 정치인, 중국공산당 지도자다. 1949 년부터 1954년까지 중국 본토의 임시 부수반, 1954년부터 1959년까지 중화인민공화국 의 국가 부주석, 1959년 4월부터 1968년까지는 중화인민공화국의 제2대 국가주석을 지 냈다.

2   후난성 리링 출생. 중국의 전략가, 정치인, 시인, 국민혁명군의 일급 장군이다. 북벌 당시 민족혁명군 제6군 사령관, 항일전쟁 당시 제1전구 총사령관을 지냈다. 1948년 중화 민국 부주석 선거에 출마했으나 실패했다. 1949년 중반 창사에서 공산당에 항복했고 같 은 해 베이징에서 열린 중국인민정치협상회의 전국위원회에 참석했다. 이후 중화인민공 화국 중앙인민정부 위원, 인민혁명군사위 부주석, 전국인민대표대회 상무위원회 부주 석, 후난성 인민정부 주석, 주지사, 후난성 인민위원회, 국민당혁명위원회 부주석 등을 역임했다. 1968년 4월 5일 베이징에서 병으로 사망했다.

3   린뱌오는 중화인민공화국의 군인, 정치인이다. 중화인민공화국 부총리 겸 총리 권 한대행, 중화인민공화국 국방부장, 중화인민공화국 원수를 역임하였으나, 마오쩌둥과의 갈등으로 쿠데타를 시도했다가 실패한 후 소련으로 망명하던 도중 추락사했다.

4   쉬샹첸은 중국의 전략가, 혁명가, 정치인이다. 산시성 우타이현 영안촌 출신으로 중 국 10대 원수 중의 한 사람이다.

류샤오치

쳉 치안

린뱌오

쉬샹천

1951년에 덩샤오핑은 티베트를 통제하고 질서를 확립하기 위해 남서부와 북서부 군사 지역의 군대를 배치했다. 덩샤오핑은 베이징으로 돌아오기 전에 청두~충칭 철도의 완공식에 참석했다. 1952년 7월 덩샤오핑은 중앙정부에 편입되어 처음으로 정무위원회 부총리, 재정경제위원회 부주임을 지냈고, 그 후 통신실 주임, 정부 재무부 장관을 역임했다.

7월, 저우언라이(周恩來)는 덩샤오핑에게 8월에 베이징으로 와서 정무위원회의 일상 업무를 주재할 것을 요청했고, 유소기는 덩샤오핑이 서남부 업무를 정리한 후 중앙 정부로 올 것이라는 희망 사항을 피력했다.

## 02. 부총리 임명

　1952년 8월 7일, 주더는 중앙인민정부위원회 제17차 회의를 주재하고 덩샤오핑을 정무위원회 부총리로 임명했다. 8월, 덩샤오핑은 베이징으로 옮겨졌고 그의 가족은 중난하이에서 살았다. 8월 10일, 저우언라이(周恩來)는 정무위원회 당위원회를 중앙인민정부 당위원회로 개명하고 저우언라이를 정부 당서기로, 천원(陳雲)[5]을 제1부서기, 덩샤오핑을 제2부서기로 각각 임명할 것을 제안했다.

천원

　8월 13일 덩샤오핑은 공식적으로 취임하여 제148차 정무위원회 회의를 주재하고 마오쩌둥과 함께 회의에 참석해 제1차 5개년 계획은 물론 개별 농업과 소규모 공업과 상업을 집단화하고 대공업을 국

---

5　빈농의 가정에서 자랐으며, 초등학교를 졸업한 이후, 상하이 상무인서관에서 조판공의 견습공이 되었다. 5·30사건이 발발한 1925년 중국공산당에 입당했다. 장정과 쭌이 회의에 참가하는 등 오랜 당 경력을 가지고 있었다. 1930년 제6기 당 중앙위원회 제3차 전체 회의(제6기 3중전회)에서 중앙위원 후보로 선출되었다. 1931년 1월, 제6기 4중전회에서 당 중앙위원에 선출되었고, 제12기까지 맡았다. 중국공산당 8대 원로 중의 한 사람이다.

유화하는 '사회주의 변혁' 계획을 연구하고 공식화했다. 마오쩌둥, 저우언라이와의 회담에 참석함으로써 덩샤오핑은 두 지도자가 국가 행사를 어떻게 평가하는지를 배울 수 있었고, 중요한 결정을 내리는 이유를 이해하고 근본적인 변화의 폭넓은 틀에 대해 생각했다.

덩샤오핑은 1953년부터 1954년까지 헌법초안위원회 위원을 지냈을 뿐만 아니라 선거법초안위원회 위원, 중앙선거위원회 위원 등을 역임한 뒤 사무총장으로 임명되었다. 1953년 3월 3일 마오쩌둥은 "중앙 정부의 승인이 필요한 모든 정부 문제에 관해 샤오핑이 더 많은 책임을 맡아야 한다"라고 명시했다. 4월 18일 중국공산당 중앙위원회는 분업 조정을 결정하고 덩샤오핑이 철도·운수·우편·통신 부문을 주도할 것임을 분명히 했다. 8월 17일, 중국공산당 중앙정치국은 덩샤오핑이 정무위원회 재정경제위원회 제1부주임과 재무부장을 겸임하기로 결정했다.

1953년 9월 18일부터 덩샤오핑은 1년간 재무부장을 맡아 중앙 재정 업무를 주관했다. 1954년 4월 27일, 중국공산당 중앙정치국 확대회의에서 지방당과 정부기관을 폐지하기로 결정했고, 덩샤오핑은 세 번째로 중국공산당중앙 비서장을 맡았다.

1954년 9월 15일부터 9월 28일까지 덩샤오핑은 베이징에서 열린 제1차 전국인민대표대회에 참석했는데, 저우 총리의 추천을 바탕으로 천윤, 펑더화이, 덩샤오핑 등 10명이 부총리를 맡기로 결정됐다. 중화인민공화국 국무원 회의에서는 마오쩌둥(毛澤东) 주석의 제청에 따라 주더(朱德), 펑더화이(彭德淮), 덩샤오핑 등 15명을 국방위원회 부주석으로 임명하기로 결정했다.

9월 29일, 마오쩌둥은 덩샤오핑을 국무원 부총리로 임명했다.
12월 28일 덩샤오핑은 자신이 주재한 회의의 토론 의견을 바탕으로 중앙지방공작부를 폐지하고 제1, 2, 3, 4집을 설치할 것을 제안하는 서면 보고서를 중국공산당 중앙에 제출했다.

덩샤오핑은 소련공산당 제20차 대회에 참석한 중국공산당 대표단의 단장이었고, 그 회의에서 흐루쇼프는 스탈린을 비난했다. 1956년 2월 11일, 덩, 탄전린(譚震林)[6], 왕자샹(王稼祥)[7]은 모스크바에 도착하여 주더와 류사오치를 만났다. 덩과 주더는 모스크바에서 열린 소련공산당 제20차 전국대표대회에 참석했다.

탄전린                         왕자샹

6  중화인민공화국의 군인, 혁명가, 정치인이다. 중국공산당 저장성위원회 서기, 장쑤성 인민정부 주석, 중국공산당 중앙정치국 위원, 중화인민공화국 국무원 부총리, 전국인민대표대회 상무위원회 부위원장, 중국공산당 중앙고문위원회 부주임을 역임했다.

7  중화인민공화국의 정치인. 일찍이 모스크바 중산대학으로 유학을 가서 공산주의 이론을 익히고 28인의 볼셰비키그룹의 일원이 되었다. 중국공산당의 초창기 지도자 중의 한 명이었다.

## 03. 총서기가 되다

1956년 8월 30일 제8차 전국대표대회 제1차 준비회의에서 마오쩌둥은 다음과 같이 제안했다.

"제8차 전국대표대회는 주관주의, 관료주의, 종파주의 스타일을 효과적으로 반영해야 한다."

9월에 열린 중국공산당 제8차 전국대표대회에서 덩샤오핑은 당헌 개정에 관해 다음과 같이 보고했다.

"중국공산당은 이미 집권당이고 대중과 현실로부터 이탈될 위험이 크다는 점을 지적하고 대중 노선, 민주집중제, 집단적 령도제도를 견지하며 당 내부의 발전을 도모해야 한다."

그러나 덩샤오핑은 이 보고에서는 마오쩌둥의 개인 숭배를 추상적으로 비판했을 뿐, 마오쩌둥의 권위와 권력에 대해서는 전혀 언급하지 않고 개인 숭배에 대한 우려만을 표명하였다.

제8차 전국대표대회 개회식에서 덩샤오핑은 회의 상임위원회 위원, 상임위원회 위원, 회의 비서장으로 선출되었다. 덩샤오핑은 개회식에서 "우리나라 프롤레타리아트와 부르주아지 사이의 모순은 기본적으로 해결되었다."라고 하였다.

9월 27일 중국공산당 제8차 전국대표대회 제12차 회의가 열렸고 덩샤오핑이 중앙위원회 위원으로 선출되었다. 9월 28일, 중국공산당 제8기 제1차 전체 회의가 중난하이 화이런홀에서 열렸고,

덩샤오핑은 중국공산당 중앙정치국 상무위원회 위원, 총서기로 선출되었다. 덩샤오핑은 중앙서기국 주간회의를 열어 당정 업무 수요를 검토했으며, 주요 문제를 중앙정치국 회의와 정치국 상무위원회 회의에 안건으로 상정해 토의했다. 중국공산당 중앙위원회와 국무원은 모두 덩샤오핑의 지도를 받고 있었다.

총서기가 된 덩샤오핑을 축하하는 마오쩌둥

## 04. 반우파운동

1956년 11월 10일부터 11월 15일까지 중국공산당 제8기 중앙위원회 제2차 전체 회의가 개최되어 1957년에 새로운 정풍운동(整风运动)을 전개하기로 결정하였다. 정풍운동의 효과를 경험한 마오쩌둥과 덩샤오핑은 우익 세력을 제거하려는 목적으로 새로운 정풍운동을 전개하기로 하고 그것을 반우파운동이라고 하였다.

정풍운동은 1940년대 중국공산당이 근거지였던 옌안에서 벌였던 정치 문화운동으로서 3년간 지속되었다. 정풍운동의 모토는 잘못된 3개의 풍조를 바로잡는다는 것으로, 주관주의, 종파주의, 형식주의(八股)를 바로잡는다는 것이었다.

실제로 이 정풍운동은 쭌이회의에서 확립된 마오쩌둥의 지도력을 더욱 공고히 하고, 마오의 사상을 간부와 당원들에게 철저히 학습시키며, 이미 마오와의 권력투쟁에서 패한 소련식 교조주의자나 장궈타오 추종자들을 다시 한번 비판하여 마오의 사상이 중국공산당의 지도 이념으로 확립되도록 하였다.

1957년 5월 덩샤오핑은 두 차례에 걸쳐 중앙서기국 회의를 주재해 우익의 공세에 대한 반격 준비를 논의했고, 5월 23일에는 중국공산당 중앙위가 정치국 확대회의를 열었다. 6월 5일 덩샤오핑은 베이징을 떠나 각지에서 정풍운동을 지도했는데, 덩샤오핑은 반우파 투쟁이 공식적으로 시작되었을 때 선양, 시안, 청두, 지난 등에서 각각 네 차례 보고했다.

덩샤오핑과 마오쩌둥과 다른 중앙 지도자들과 마찬가지로 당시 이념, 정치 분야의 상황과 반우파 투쟁이 너무 심각했다고 평가한 것으로 볼 수 있었다.

마오쩌둥은 1957년 여름 '반우파운동'을 시작하여 중국공산당을 신랄하게 비난하는 모든 사람을 모욕했다. 덩샤오핑은 중국공산당 중앙위원회 반우파영도소조의 위원장으로 재임하면서 반우파운동을 전면적으로 추진하였다. 마오쩌둥은 앞장서서 약 55만 명의 지식인을 우익으로 분류하고 덩샤오핑에게 운동을 구체적으로 조직하라고 명령했다.

1957년 9월, 반우파운동 중에 일부 지식인들은 간부들을 오만하고 부당하게 비판하여 덩샤오핑을 화나게 했다. 덩샤오핑은 반우파운동에서 마오쩌둥을 지지했고, 당의 권위를 수호했으며, 지식인들을 노골적으로 공격했다.

10월 15일, 중국공산당 중앙위원회는 공식적으로 '우파 분류 기준'을 발표하고 통지문에 다음과 같이 명시했다. "우파는 기본적인 관점에서 사회주의와 당의 지도를 반대하는 것이 아니라 부분적인 노동 제도에만 반대하는 것뿐이다. 따라서 근본 원칙이 아닌 정책에 비판하거나, 직장에서의 불만, 학술적인 이견, 공산당의 개별 조직과 당원에 대한 개개인에 대해 불만을 토로하는 자는 의견이 틀리고 말이 가혹하더라도 무조건 우파로 분리해서는 안 된다. 이들은 사회주의와 당 지도부에 반대하지 않지만, 단순히 이념적 오류가 있는 사람들이기 때문에 우파로 분류되어서는 안 된다."

반우파운동 기간에 55만 명이 '우파'로 분류되었다. 이는 마오쩌둥이 당초에 추정한 우파 수의 100배가 넘는 수치다. 덩샤오핑의 직접적인 보살핌과 지도하에 1981년 말까지 우익으로 잘못 분류된 사람들을 모두 바로 잡았고, 반우파 투쟁을 심각하게 확대한 실수도 완전히 바로 잡았다.

반우파운동

## 05. 티베트 지역의 폭동

중화인민공화국이 건국된 후에 영국과 미국은 중국의 내정에 심각하게 간섭했고, 티베트 문제에도 반복적으로 개입했다. 티베트 지역의 분리주의자들은 새로운 중화인민공화국에 적대적이었고 티베트 독립을 외쳤다. 이런 상황에서는 지체하지 않고 티베트를 해방하고 중국 서남부의 국방을 강화해야 한다고 생각했다.

1949년 12월 중순, 소련을 방문하고 있던 마오쩌둥은 중국공산당 중앙위원회에 편지를 보내 티베트 진출이라는 전략적 결정을 내리고 이 힘든 임무를 중국공산당 중앙위원회에 넘겼다. 이 업무는 덩샤오핑을 제1서기로 하는 중국공산당 중앙위원회 서남국이 담당하였다.

전보를 받은 덩샤오핑은 즉시 자신의 예하 부대 중에서 18군을 선택하여 티베트 진격 임무를 맡기기로 결정했다. 서남국이 티베트 진출을 준비하고 있는 동안에도 중국공산당 중앙위원회는 티베트의 평화적 해방을 위한 노력을 포기하지 않았다. 1950년 2월 25일 중앙위원회는 서남국을 소집해 티베트 지방정부와의 협상 조건을 사전에 마련하자고 제안했다.

1950년 5월 11일, 덩샤오핑은 서남국에서 중앙군사위원회에 보낸 전보 초안을 작성하여 티베트의 평화적 해방을 위한 네 가지 정책을 제안했다. (1) 티베트에서 영국 제국주의 세력을 추방하고 티베트 국민을 대가족으로 돌려보내라. (2) 티베트 민족의 지역 자치를 시행한다. (3) 티베트의 현행 각종 제도는 당분간 원래대로 유지될 것이며, 티베트 개혁과 관련한 문제는 향후 티베트 국민의 뜻에 따라 협의를 통해 해결해 나갈 것이다. (4) 종교의 자유를 실현하고 라마 사원을 보호하며 티베트 민족의 종교적 신념과 관습을 존중한다.

그러나 티베트 지방정부의 분리주의자들은 여전히 평화를 거부하였다. 1950년 8월 26일 덩샤오핑과 허룽은 공동으로 참전군에게 공격 명령을 내렸다. 이때부터 인민해방군과 티베트군은 모두 전쟁을 준비하기 위하여 병력을 증강했다. 덩샤오핑은 제18군 사령관인 장궈화(张国华)[8]를 총사령관으로 임명하고 인민해방군의 2개부대를 배치하였다. 병력이 압도적이었던 인민해방군은 티베트를 공격하기 위하여 1950년 10월 7일에 진사강을 건넜다.

1950년 10월 19일에는 국경에서 가까운 티베트 창두시 주변에서 티베트 군대를 재빨리 포위하고 공격하였다. 결국 열악한 무기를 가지고 있던 티베트군 군대는 강력한 인민해방군의 공격으로 전사자가 속출하면서 대혼란에 빠져 결국 10월 24일 더 이상 전투를 진행할 수 없어 인민해방군에 항복하였다. 인민해방군과 티베트군

---

8  장시성 융신현 화이중진에서 태어났다. 중국인민 해방군 제18군 사령관, 티베트군구 사령관, 군구 당위원회 제1서기, 청두군구 정치위원, 중국 당위원회 제1서기를 역임했다. 그 후 중국공산당 중앙으로 와서 중국공산당 중앙 군사위원회 위원, 중국공산당 제9기 중앙위원회 위원, 중앙군사위원회 위원, 중화인민공화국 제1, 2, 3국 국방위원회 위원, 제1, 2군 대표를 역임하였다. 1955년에 중장으로 진급하여 8월 1일 2급 독립훈장, 1급 독립자유훈장, 1급 해방훈장을 받았다

간에는 18일 동안 크고 작은 전투가 21번 벌어졌으며 5,700명의 병력을 보유한 티베트 군대가 전멸했다.

티베트 군대

1954년에는 인민해방군 티베트군구의 지원을 받아 '애국청년문화협회', '라싸애국여성협회' 등의 조직이 잇달아 결성되어 지역의 정치 체제를 체계적으로 변혁하기 시작했다. 같은 해 중국공산당은 일방적인 헌법을 공포했고 원래의 '17조 협정'에서 티베트의 특별 자치구 지위를 취소하고 중화인민공화국에 통합했다. 한족이 티베트 자치구 준비위원회의 행정 업무를 장악했고, 티베트 대표는 무시되어 명목상의 관리가 되었다.

1957년부터 칭하이성의 티베트인들이 기근으로 인해 도움을 요청했지만 중국공산당 군대가 티베트인들을 무차별적으로 살상하여 양측 사이에 긴장이 조성되었다.

1954년 덩샤오핑이 달라이 라마와 판첸 라마의
베이징 방문을 환영하는 모습

티베트의 반발이 심해지자 1957년 3월 8일, 덩샤오핑은 중앙서기국 회의를 주재하고 티베트 실무위원회 서기이자 티베트군구 제1정치위원 장징우(張敬武)의 티베트 사업 보고 내용을 들었다.

덩샤오핑은 "티베트에서는 좌파, 중도파, 우파를 구별하고 농지개혁이 아닌 애국주의를 기준으로 삼아라. 우익은 분리주의자이므로 반역을 하지 않는 한 우익에서도 활동해야 한다."라고 말했다.

덩샤오핑은 중앙서기국 회의를 소집해 티베트 상층 반동 세력이 일으킨 지역 반란에 대한 장궈화의 보고를 듣고 티베트 실무위원회와 티베트 군사구에 침착하고 이성적으로 대처하라고 지시했다.

장궈화

## 06. 대약진운동

1958년 5월 5일부터 5월 23일까지 중국공산당 제8차 전국대표대회 제2차 회의가 개최되었다. 회의에서는 마오쩌둥의 '세 가지 붉은 깃발'이라는 총노선을 채택하고 '대약진운동'[9]을 전면적으로 전개했으며 덩샤오핑도 이에 동의했다. 회의가 끝난 후 덩샤오핑은 총서기로서 '대약진'의 다양한 과제를 적극적으로 추진했고 천윈은 나중에 "어떤 사람들은 동기를 찾기 위해 비서실에 가고, 총리에게 어려움을 이야기하기 위해 간다"라고 말했다.

6월 덩샤오핑은 군사위원회 확대회의에 참석했고 마오쩌둥도 회의에 참석해 군사 사업의 교조주의[10]를 비판했다. 7월 31일 흐루쇼프는 비밀리에 베이징으로 갔고, 마오쩌둥은 덩샤오핑과 함께 흐루쇼프와 회담하였다. 8월, 중국공산당 중앙위원회는 베이다이허에서 정치국 확대회의(통칭 베이다이허회의)를 열었고, 마오쩌둥은 대약진운동의 중앙집권화와 통일을 원했으며, 공업에 초점을 두었다.

---

9    대약진운동은 공산혁명 후 중화인민공화국에서 부강한 사회주의 국가를 만드는 것을 목적으로 1958년부터 1961년 말~1962년 초까지 마오쩌둥의 주도로 시작된 농공업의 대증산 정책이다.

10    마르크스주의에서, 역사적 정세를 무시하고 그 원칙론만을 고수하려는 공식주의(公式主義)를 일컫는 말.

덩샤오핑은 마오쩌둥에게 전국적으로 계획을 통일하고 핵심 사항을 먼저 보장하며 다른 산발적인 문제에 관여하지 않아야 하는 엄격한 실행을 요구했다. 마오쩌둥은 농촌인민공사는 인민이 자발적으로 건립한다고 말했고, 덩샤오핑은 농촌 인민공사의 성격에 대한 마오쩌둥의 의견에 동의했다.

대약진운동은 공산주의 사회의 이상적인 모습을 실현하기 위한 마오쩌둥의 의지가 담긴 운동이었다. 그는 농업과 공업의 생산을 급격히 증산하여 중국을 세계 최강의 사회주의 국가로 만들고자 했다.

이후 전국 각지에서 철강 공사 건설이 급증하는 동시에 전국의 농촌 지역에서 인민공사운동이 급속히 전개되어 대약진운동의 초기에는 상당한 성과를 거두었다. 농업과 공업의 생산량도 크게 늘었다. 그러나 곧이어 많은 문제점이 드러났다.

농업에서는 인민공사라는 대규모 농업 집단을 만들어 생산량을 증산하려고 했으나 인민공사는 효율성이 떨어졌고, 농민들의 사기도 떨어졌다. 또한, 곡물 생산량을 늘리기 위해 우물 파기, 댐 건설 등 무리한 공사를 벌여 큰 인명 피해를 초래했다.

무리한 댐 건설

공업 분야에서는 소규모 공장들을 폐쇄하고, 대규모 공장들을 집중적으로 육성하려고 했다. 그러나 기술과 자원이 부족한 상황에서 공장 건설을 무리하게 추진한 결과, 많은 공장이 제대로 가동되지 못했다. 또한, 철강의 생산을 늘리기 위해 석탄과 철광석을 무리하게 채굴하여 환경을 파괴했다.

무리한 채굴과 질 낮은 철의 생산

중국은 대약진운동의 실패로 인해 1959년부터 1961년까지 대규모 기근을 겪었다. 이 기근으로 인해 약 2,500만 명에서 4,500만 명이 사망한 것으로 추정된다.

대약진운동은 중국 역사상 가장 참혹한 재앙으로 평가받고 있다. 이 운동은 중국의 경제와 사회에 막대한 피해를 입히고, 중국의 국제적 위상을 크게 떨어뜨렸다. 결국 대약진운동은 궁극적으로 '문화대혁명'이라는 거대한 재앙으로 이어졌고 이는 중국에 큰 손실을 입혔다.

결국 덩샤오핑은 1961년 9월 '공업 70개조'를 제안해 경제 발전을 과장된 이상주의에서 실용주의로 이끄는 등 국민경제의 조정과 바로잡기에 적극적으로 참여했다.

1962년 1월 11일, 7천 명의 모임이 공식적으로 시작되었다. 회의에서 마오쩌둥을 비롯한 중앙 지도자들은 대약진운동의 실패에 대한 자기비판에 앞장섰고 업무상의 결점과 실수에 책임을 졌으며 이는 당의 민주 건설에 큰 영향을 미쳤다. 회의에서는 인민공사운동의 '대약진'과 '3개의 붉은 깃발'이라는 총노선이 완전히 정확하며 '좌익' 지도 이념을 근본적으로 바꾸지 않았다는 점을 확인했다.

마오쩌둥은 덩샤오핑의 경제 조치를 비판했고, 이로 인해 덩샤오핑과 마오쩌둥 간의 관계는 틀어지기 시작했다. 마오쩌둥은 중국 공산당 제8기 중앙위원회 10차 전체 회의 연설에서 계급 투쟁을 확대하고 절대적으로 만들면서 부르주아 계급이 사회주의 시기에 존재하고 복원을 시도하며, 계급 투쟁을 절대화할 것이라고 주장했다. 당 내 수정주의의 원천이 되어 당의 지도 이데올로기가 점점 더 계급 투쟁을 핵심 고리로 삼는 '좌파' 오류에 빠지게 되었다.

마오쩌둥이 잠시 일선에서 물러난 1960년대 전반기의 중국 국가 지도부는 형식적으로 마오쩌둥을 최고지도자로 하고 실질적으로는 류샤오치-덩샤오핑-저우언라이의 집단지도체제로 운영되었다. 하지만 이들의 바람과는 다르게 마오쩌둥은 여전히 당 내에서 영

향력을 행사하고 있었으며, 이 체제는 오래 가지 못하고 결국 문화
대혁명으로 이어지게 된다.

## 07. 국민당 잔당의 토벌

1949년 중화인민공화국이 건국되었지만, 서부에는 후쭝난(胡宗南)[11]이 지휘하는 국민당군 40여만 명이 남아 있었다. 제2야전군은 서부로 진격했고, 1949년 12월 청두를 함락해 대륙에 남아 있던 최후의 국민당 근거지를 점령했다. 제2야전군은 이곳에 계속 주둔하면서 서남군구로 개편되었다. 덩샤오핑은 서남군구 정치장교, 서남군정위원회 부주석을 맡았고 이후에는 충칭시장으로 재임하면서 토지개혁, 아편 거래 근절, 국민당 잔당 토벌 등을 시행했다.

후쭝난

퇴각하는 국민당군

---

11    중화민국의 군인이다. 장제스의 직계로서 국민혁명군 장성으로 복무했다. 천청과 탕언보와 함께 장제스의 3대 심복으로 불리며, 야전 지휘관으로 국민당군의 북벌, 여러 군벌과의 전쟁 및 초공작전에서 크게 활약했다. 국공내전 당시 국민당이 패퇴할 때 마지막까지 전장을 지켰으나 결국 토벌당했다. 결국 장제스와 함께 대만으로 가서 그곳에서 사망했다.

토지개혁의 원칙은 무상몰수, 무상분배였기 때문에 토지를 가진 지주들이 폭동까지 일으킬 정도로 격렬하게 저항했으나, 덩샤오핑은 무자비하게 무력으로 진압하였다. 지주계급 및 아편 유통업자, 기타 국민당 잔당들을 합해 10만 명 이상을 처형했다고 알려져 있다.

덩샤오핑은 과감하면서도 잡음 없이 일을 처리하는 능력을 보이면서, 3년 후 중앙으로 전임되어 1952년 정무원(政務院) 부총리, 1954년 당 중앙위원회 비서장, 1955년 정치국 위원이 되었다. 국공내전 말기에 그와 지위가 비슷하거나 그보다 훨씬 높았던 인물이 많았는데도 계속 승진하여 지도부까지 오를 수 있었던 이유는 앞서 본 것처럼 서남지구에서 능력과 리더십 측면의 성과를 보여주었기 때문이었다.

1957년에는 중국공산당의 총서기가 되었다. 대약진운동의 실패로 마오쩌둥에게 비판의 화살이 쏟아지자, 류사오치와 그는 최종적으로 권력을 장악하고 마오쩌둥을 '명목상의 지도자'로 앉히려는 계획을 세우는 한편 경제개혁을 시행했는데, 이로 인해 당 조직과 전체 인민들 사이에서 세력을 키울 수 있었다.

## 08. 중국과 소련의 결별

중국공산당은 1921년 리다자오, 천두슈, 마오쩌둥 등이 공산당을 창립할 때부터 소련공산당의 지도를 계속 받으면서 활동했다. 그리고 1949년 중화인민공화국이 수립된 후 마오쩌둥이 주석이 되어 중국을 장악했을 때도 소련이 이끄는 국제사회주의를 확고하게 따를 것이라고 말했다. 그만큼 중국공산당의 역사에서 소련은 중요한 역할을 해왔으며 큰 영향을 끼쳐왔다.

그러나 1950년대 미국에 대한 입장을 두고 소련과의 견해 차이가 생기기 시작했다. 중국은 미제국주의에 대한 강경한 대응을 주장한 반면에 소련은 될 수 있는 한 미국을 자극하지 않으려고 했다. 이후 1958년에 시작된 중국의 제2차 5개년 계획에 적극적으로 후원하겠다던 소련이 이를 전혀 이행하지 않았고, 중화인민공화국과 인도 사이에 국경분쟁이 일어났을 때 소련이 중립적 자세를 보이자 중국공산당은 소련공산당에 대해서 불만을 표현하기 시작하였다. 그러다 중국공산당은 국제사회에서 중국공산당의 발언권을 점차 강화해나가기 위해서 소련의 그늘에서 벗어나려는 움직임을 보였는데 이를 중소 분쟁이라고 한다.

1957년 11월 모스크바에서는 12개국이 참가한 공산당 회의가 열렸다. 마오쩌둥은 중국 대표단을 이끌고 회의에 참석하여 미국과의 핵전쟁도 불사하겠다는 강경한 발언을 하였다. 중국은, 소련이 미국과의 대결을 피하고 평화를 원하는 타협적인 자세를 보이는 것에 대해 아직도 제국주의자들이 사회주의의를 공격하려는 의도가 있다고 판단하였다.

1960년 2월 모스크바에서 열린 바르샤바 조약기구 회의에서는 1956년에 채택된 흐루쇼프의 평화공존론을 재확인하는 공동선언서를 채택하였다. 이 회의에 배석원 자격으로 참석한 중화인민공화국의 대표 강성(康生)[12]은 소련의 평화공존론을 비판함으로써 그때까지 쌓였던 소련에 대한 불만을 터트리기 시작했다. 강성은 "미국이 여전히 제국주의적 침략성을 버리지 않고 있으며 타이완 해방은 미국의 방해 공작으로 완수되지 않았는데 흐루쇼프의 낙관적인 평화공존론으로 대미 유화 정책이 대두되고 있다."라고 비판하였다. 이후 중화인민공화국은 지속되는 탈스탈린 정책과 수정주의를 거세게 비판하였고, 레닌주의의 정당성을 신봉해야 한다고 진단했다.

---

12　강성은 중화인민공화국의 정치인이다. 그는 공안기관과 정보기관장을 맡아 문화대혁명 기간에 4인방과 정치적 보조를 맞춰왔다.

캉성　　　　　　　　　　　쿠시넨

이에 대하여 소련의 쿠시넨(Kwusinen)[13]은 다음과 같이 중화인민공화국의 주장을 반박하였다.

"마르크스-레닌주의 이론은 한낱 낡은 교조주의가 아니라 항상 변천하는 새로운 역사 상황에 보조를 맞추어 끊임없이 창조적으로 발전해 나가야 하며, 흐루쇼프야말로 현재 상황에서 마르크스·레닌주의 이론을 가장 창조적으로 발전시킨 위대한 공로자이며 그의 평화공존론은 현 국제 정세에 가장 합당하도록 레닌주의 외교 정책을 창조적으로 발전시킨 신노선이다."

이는 중국은 소련이 사회주의의 순수성을 포기하고 수정주의 노선으로 가고 있다고 비판한 것이며, 소련은 중국이 국제 정세를 정확하게 판단하지 않고 사회주의의 원칙에만 충실해지려는 교조주의 노선을 걷고 있다고 비판한 것이다.

수정주의(修正主義, revisionism)는 기존의 공산주의 사상을 해당 사상의 전통적 입지에서 벗어나 다른 방향으로 개량·변질·수정하는 행위 또는 그러한 이념을 뜻한다. 즉, 공산주의 이론을 창시한 마르크스와 레닌이 주창한 공산주의와 다른 방향으로 가는 행위나 이념을 말한다.

교조주의(敎條主義, dogmatism)는 무비판적인 독단주의의 다

---

13　핀란드에서 태어난 소련의 정치인, 시인이다. 쿠시넨은 소련에서 가장 중요한 기관인 정치국의 국원이 되면서 소련의 주요 관료가 되었다. 쿠시넨은 니키타 흐루쇼프 시절에도 정치국원 지위를 유지했다. 1957~1964년에는 소련공산당 중앙위원회 서기를 맡았으며, 1952년, 1957년 두 차례에 걸쳐 중앙위원회 상무위원으로 선출되었다.

른 표현으로 전승된 공산주의로부터 출발해 그 진리 내용과 인식 가치를 구체적으로 주어진 새로운 인식과 실천적인 경험에 비추어 재고하지 않는 무비판적이고 비역사적이며 형이상학적인 사고방식을 의미한다. 즉, 교조주의는 마르크스-레닌주의의 혁명적 정신과 창조적인 정신을 파악하지 못한 채, 마르크스와 레닌이 주창한 공산주의를 무조건 따르려는 행위나 이념을 말한다.

1958년 7월 31일 소련공산당 제1서기 겸 총리인 니키타 흐루쇼(Nikita S. Khrushchyov)[14]가 베이징(北京)을 비밀리에 방문하여 마오쩌둥과 흐루쇼프 사이에 중소 정상회담이 열렸다. 이 회담에서 흐루쇼프는 중소 연합함대를 구성하여 극동의 방위 체제를 구축할 것을 제안했다. 이것은 소련이 핵전쟁의 위협을 제거하기 위해 중국의 핵을 소련의 통제하에 두고자 하는 의도였다. 그러나 중국은 이 제안을 거부했고, 소련은 이에 대응, 원자폭탄의 견본과 생산기술을 제공하기로 한 약속을 무효화했으며, 소련에서 파견한 기술자들을 철수시켰다. 이 사건을 중소 분쟁이라고 하며 이 사건 이후 소련은 중국에 대한 기술 제공, 군사적 지원을 완전히 중단하면서 중국은 위기에 빠진다.

———

14    1953년부터 1964년까지 소련공산당 서기장, 1958년부터 1964년까지 소련 장관 소비에트의 정부 수반을 지낸 소련의 혁명가, 노동운동가이자 정치인이다.

1958년 마오쩌둥과 흐루쇼프의 만남

1959년 10월 흐루쇼프는 중국을 방문하여 마오쩌둥과 정상회담을 했지만 마오쩌둥과 계속 의견 충돌을 빚었고 양국은 화해의 기미가 보이지 않았다. 결국 협상이 지지부진해지자 소련과 중국은 여러 합작사업을 파기하고, 중국은 독자 노선을 걷게 되었다.

1960년 9월 16일, 덩샤오핑을 단장으로 하고 펑진을 부주임으로 하는 중국공산당 대표단은 베이징을 떠나 모스크바로 가서 중소당 회담에 참석했다가 9월 23일 베이징으로 돌아왔다. 9월 30일, 덩샤오핑은 중국공산당 대표단을 이끌고 다시 모스크바로 가서 81개 공산당 및 노동당 국제회의 문서 초안위원회 회의에 참석했다.

1960년 중국과 소련이 결별하자 공산국가들의 대표단들이 모인 회의에서 마오주의를 설파하고 소련을 '수정주의'로 비판하여 마오쩌둥의 신임을 톡톡히 받았다. 이는 훗날 덩샤오핑이 실각한 후에도 다시 복귀할 수 있는 원동력이 되었다.

1963년 7월 6일, 중국과 소련의 첫 회담이 열렸는데, 소련 대표단의 수장인 수슬로프가 회의의 의장을 맡아 장문의 연설을 했다. 7월 14일, 소련 측은 "회담 중에는 회담에 관한 어떠한 정보도 공개하지 않을 것"이라는 회담 전 양측의 합의를 무시하고 '각급 당 조직과 전 공산당원에게 보내는 공개 서한'을 발표했다.

## 09. 문화대혁명

국가주석직에서 물러난 마오쩌둥은 자신이 죽으면 흐루쇼프가 스탈린을 격하했듯이 류사오치, 덩샤오핑이 자신을 격하할 것이라고 생각했다. 이에 따라 이들을 당 내에서 자본주의를 추구하는 반혁명분자요, 주자파라 여기게 되어 제거하고자 했다. 여기에 마오쩌둥의 처인 장칭(江靑)이 마오쩌둥을 지속적으로 부추겼다.

결국 1965년 해서파관사건[15]을 시작으로 1966년 베이징 8월 폭풍사건이 벌어지면서 문화대혁명이 본격적으로 전개되었다. 문화대혁명(文化大革命)은 1966년부터 1976년까지 10년 동안 중화인민공화국에서 일어난 대규모 파괴운동으로, 친위 쿠데타이자 내란이라고 할 수 있다. 문화대혁명은 20세기의 분서갱유라고도 하며, 중국 내에서는 우회적으로 십년동란(十年動亂) 등으로 표기하기도 한다.

문화대혁명은 대약진운동의 여파로 권력이 약화된 마오쩌둥(毛澤東)이 권력을 강화하기 위한 사욕으로 일으킨 사태로 보는 견해가 우세하다. 문화대혁명기에는 많은 지식인이 탄압을 받았으며,

———

15  1959년 6월 북경시 부시장인 오함(吳晗)은 인민일보에 명나라 때 해서라는 관리가 황제를 비판하는 내용으로, 글을 실었다. "황제도 조금이지만 사람들에게 말할 자유를 주었다. 그러나 마오쩌둥은 독단적이고 편견에 가득 차 있어 비판을 받아들이지 않고 있다"라고 하면서, 당시 중국에서 절대적인 권위를 가지고 있던 모택동을 간접적으로 비판했다.

오래된 문화재까지 상당히 파괴되었다. 문화대혁명에 대한 평가는 중국에서 공식적으로 극히 부정적인 사건으로 명시하고 있으며 그 책임을 마오쩌둥의 책임이라고 단언하고 있다. 다만 중국에서는 장칭(江靑)과 린뱌오(林彪)의 탓으로 돌리려는 경향도 존재한다.

대약진운동의 결과로 3천만~5천만 명에 달하는 중국 인민들이 굶어죽고 경제가 나락으로 추락하였다. 대약진운동을 강행한 마오쩌둥의 권위는 추락하여 사실상 2선으로 후퇴하면서 국정에서 배제되었다. 대신 류사오치가 국가주석직을 승계해서 덩샤오핑과 함께 실용주의 정책을 펼쳐 중국 인민들로부터 호평을 듣게 되자, 마오쩌둥은 류사오치와 덩샤오핑의 영향력이 점점 커지면서 자신의 위치가 흔들리는 것에 초조해했다.

1959년 7월 2일부터 열린 루산회의에서 펑더화이는 마오쩌둥이

우한

밀어붙인 대약진운동에 대해서 "총노선은 옳았으나 대약진운동과 인민공사는 잘못되었다."라고 비판했다. 펑더화이의 발언은 나름대로 마오쩌둥을 생각해서 완곡하게 표현한 충언이었다. 그러나 이는 초조해져 있던 마오쩌둥에게는 충격적인 말이었기 때문에 그는 펑더화이를 실각시키고, 자신의 최측근인 린뱌오를 펑더화이의 후임 국방부장으로 임명

하였다.

대약진운동에 대해 긍정적이던 류사오치조차도 고향 후난성을 시찰하면서 상상을 초월하는 사태를 보고 경악하여 7천인 대회를 소집한 후 마오쩌둥의 과오를 지적하며 정면으로 비판했다. 분노한 마오쩌둥은 류사오치의 말을 막으면서 실패는 일부 지역에 국한된 다고 반박했지만, 류사오치는 오히려 성공이 일부 지역에 국한될 뿐이라고 맞섰다. 또한, 마오쩌둥을 만나 역사가 심판할 것이라고 소리를 지를 정도로 격렬하게 논쟁했다.

이 때문에 학생들 사이에서는 류사오치 정권에 대한 극도의 불만과 분노가 확산되었는데 마오쩌둥은 이를 이용하여 학생들에게 접근한 후 학생들을 영웅으로 내세우며 류사오치를 비판했다. 여기에 장칭과 천보다, 린뱌오 등 당 내 좌경 세력이 마오쩌둥을 적극적으로 지지하며 덩샤오핑과 류사오치에 대한 비난을 쏟아부었다.

중국 전역은 홍위병들의 살육과 파괴, 약탈로 점철되는 개판이라는 말도 아까운 생지옥으로 변모하였다. 이때 류사오치도 숙청당했다. 이후 홍위병이 일어나고 중국 전역에서 문화대혁명에 따른 혼돈이 발생했다. 덩샤오핑도

류사오치

반마오주자파(反毛走資派)[16]의 수괴라는 비판을 받고 실각하여 당직에서 은퇴하였다. 문화대혁명 당시, 그의 큰아들인 덩푸팡 역시 추락 사고로 장애인이 되었다.

1966년 5월 16일, 중국공산당 중앙정치국 확대회의에서 <중국공산당중앙위원회 통지문>이 통과되어 <프롤레타리아 문화대혁명>의 공식적인 시작을 알렸다. 덩샤오핑은 상황을 안정시키고 질서를 회복하기 위해 달려갔다. 류사오치와 덩샤오핑은 즉시 항저우로 가서 마오쩌둥에게 보고하고 그에게 돌아와서 작업을 맡길 것을 요청했다.

7월 16일 마오쩌둥은 장강을 건너 7월 18일 베이징으로 돌아왔다. 류사오치는 즉시 마오쩌둥을 만나자고 요청했지만, 마오쩌둥은 거절했다. 7월 24일 오전, 마오쩌둥은 중앙상무위원회와 중앙문화대혁명그룹 구성원 회의를 소집하고 류사오기와 덩샤오핑이 파견한 실무그룹을 비판하고 그 그룹을 해산하기로 결정했다.

7월 29일, 마오쩌둥은 인민대회당에서 '베이징대학 및 중학교 문화대혁명 활동가 회의'를 열고 실무그룹을 취소하기로 결정하고 류사오치, 덩샤오핑, 저우라이를 비난했다.

전체 회의 소조회의에서 중앙정치국 상무위원인 캉성(康聖)[17],

---

16  마오쩌둥에게 반기를 든 자본주의 추종자

17  중화인민공화국의 정치인으로 공안기관과 정보기관장을 맡아 문화대혁명 기간에 4인방과 정치적 보조를 맞춰왔다. 린뱌오의 몰락 이후 1974년에는 당부주석에 취임하기도 하였다. 1975년에 암으로 사망하였는데, 사망하기 전까지는 마오쩌둥, 저우언라이, 왕훙원에 이어서 중국공산당 내 서열 4위였다.

장칭(江靑)[18], 장춘차오(張春橋)[19] 등이 유소기를 공격했다. 류사오치와 덩샤오핑은 '부르주아 본부'의 지도자로 비난을 받았으며 천보다(陈伯达)[20]는 덩샤오핑의 잘못을 마오쩌둥에게 폭로하는 기회를 잡았다. 전체 회의 정신을 관철하기 위해 린뱌오는 마오쩌둥의 위임을 받아 8월 13일부터 23일까지 중앙공작회의를 주재하게 되었다. 회의에서 덩샤오핑은 비난을 받았고, 회의가 끝난 후 덩샤오핑의 모든 직책은 캉성(康生)에게 넘겨주어야 했다. 덩샤오핑은 실제로 모든 직책과 권한을 박탈당했으며 대부분의 시간을 집에서

---

18  산둥성 주청 출신으로, 일찍이 1929년부터 연극을 공부하였고, 칭다오 대학 도서관에서 일하기도 하였으며, 중국 좌익 영화의 배우로 활동하던 1933년 중국공산당에 입당했다. 그녀는 상하이에서 몇몇 영화에 주연, 조연급으로 출연했던 영화배우였다. 이 와중에 두 차례 결혼하지만 모두 이혼했고, 1937년에는 중화소비에트공화국의 이전으로 중국공산당의 본부가 있던 옌안으로 왔으며, 그곳에 설립된 루쉰 예술학원에서 교편을 잡기도 했다. 1939년 마오쩌둥과 세 번째 결혼을 하였다.

19  중화인민공화국의 문학평론가, 언론인, 정치인이다. 4인방 중의 한 명이다. 지난날 린뱌오 중공 부총리와 덩샤오핑 중공 부총리 그 둘처럼 그도 1976년 1월 8일에서 1976년 2월 2일까지 1개월간 '중화인민공화국 부총리 겸 총리 권한대행' 직책을 맡았으며 결국 화귀펑 후임 중공 총리와 덩샤오핑 前 중공 부총리 그 둘이 자행한 작전 공작 등에 의하여 반혁명당 체제의 수괴인 린뱌오 前 중공 부총리 겸 총리 권한대행의 후예로 발목이 잡히면서 '4인방 사건'의 주범으로 몰려 중국공산당에서 축출되었다.

20  푸젠성 출신으로, 1927년 중국공산당에 가입하고 소련의 모스크바 중산대학으로 유학을 갔다. 1930년 귀국하여 베이핑 중국대학, 옌안 중국공산당 중앙당교, 마르크스-레닌학원에서 가르쳤다. 또한 행정가로서 중공 중앙선전부, 군사위원회, 중앙비서처, 중앙정치연구실 등의 기관에서 일했다. 문혁의 지도자 중의 한 명인 린뱌오의 편에 섰다가, 린뱌오를 의심하기 시작한 마오의 눈 밖에 나서 몰락의 길을 걷기 시작했고, 린뱌오의 쿠데타 음모가 실패한 후, 당에서 제명되었다. 마오쩌둥 사후, 문혁파의 한 명으로 체포되었다. 1981년 1월에 그는 최고인민법원에서 징역 18년형을 선고받았으나, 건강이 나빠서 이해 8월 석방되었다. 1989년 9월 22일 베이징에서 사망했다.

책을 읽으며 글을 쓰면서, 모든 비판을 받아들이며 조용히 보냈다.

10월 9일부터 10월 28일까지 중국공산당 중앙위원회는 베이징에서 실무회의를 열어 '문화대혁명' 문제를 논의하고 '부르주아 반동 노선'을 비판했다. 류소기와 덩샤오핑을 비난하며 "대중을 탄압하고 혁명 노선을 반대하는 정책"을 시행했다고 했다. 또한 "이번 문화대혁명 운동의 잘못된 노선은 주로 류샤오치와 덩샤오핑이 주도한 것"이라고 말하면서 부르주아 반동 노선을 비판했다.

10월 23일, 마오쩌둥은 중앙 실무회의를 열었고, 중앙문화대혁명 그룹의 천보다(陳河)는 유소기와 덩샤오핑을 비판하는 보고서를 발표했다. 그 결과 류샤오치와 덩샤오핑은 자체 성찰을 시행했다.

좌) 장칭
우) 캉성

좌) 천보다
우) 장춘차오

09. 문화대혁명

## 10. 박해

　1966년 11월 7일 덩샤오핑은 처음으로 비판을 받았는데, 베이징의 한 대형 포스터에는 '자본주의 로더 2호'라는 제목이 적혀 있었다. 이후 당 신문은 류샤오치와 덩샤오핑을 비판하기 시작했고, 덩샤오핑은 류샤오치 외에 자본주의 길을 걷는 또 다른 가장 큰 권력자, 중국의 2인 수정주의자라고 말했다.

　12월 13일, 마오쩌둥은 문화혁명가를 선동했다는 이유로 덩샤오핑과 류샤오치를 반동분자로 명명하고 비판했다. 덩샤오핑은 가택 연금되어 중난하이(中南海)에서 살게 되었다.

　1967년 설날, 문화대혁명 그룹은 베이징의 대학에서 수십만 명을 동원하여 천안문 광장에 모여 류샤오치와 덩샤오핑을 비판했다. 당시 덩샤오핑은 중국공산당 중앙 총서기를 맡았고, 류샤오치 주석은 '당 내에서 가장 큰 자본주의 길잡이'라는 낙인이 찍혀 모든 직위에서 해임되었다.

　3월 15일, 덩샤오핑의 남동생인 덩수핑(鄧树平)[21]은 절망에 빠져 자살했다. 덩샤오핑은 3월 말에 개최된 중앙위원회 정치국 상무위원회에서 총비서직에서 해임되었다. 그 후에도 홍위병들은 계속해

---

21　덩샤오핑의 남동생이다. 덩수핑(鄧利平)은 초기에 관직에 올라 귀주성 푸안현 칭산진시장, 현 재정부 부국장, 안순현 재정국 국장, 귀주성위원회 위원을 역임했다. 문화대혁명 당시 홍위병의 비난을 받고 호수에 뛰어들어 자살했다.

서 그를 비난하고 공격했다.

덩수핑

덩푸팡

8월이 되자 덩샤오핑에 대한 비판은 폭력적인 싸움으로 격화되었고, 홍위병은 덩샤오핑의 집인 중난하이(中南海)로 가서 비판 회의를 열었으며, 덩샤오핑은 강제로 무릎을 꿇고 '제트기'를 타야 했다. 8월 5일, 류사오치와 덩샤오핑은 각자의 거주지에서 비난과 투쟁을 겪었다. 덩샤오핑의 세 자녀는 멀리 보내졌고 그의 아내 주오린(卓林)과 덩샤오핑의 계모만이 그와 함께 있었다.

1968년 5월 16일, 캉성(康生), 황영승(黃永胜), 우법현(吳法宪) 등이 이끄는 '덩샤오핑 태스크 포스(Task Force)'가 공식적으로 설립되었다. 10월에 열린 중국공산당 제8기 중앙위원회 12차 전체 회의에서 덩샤오핑은 당 안팎의 모든 직위에서 공식적으로 해임되었으나 당원 자격은 유지했다. 10월 13일 회의에서 마오쩌둥은 다음과 같이 말했다.

10. 박해

"덩샤오핑은 전쟁 중에 적과 싸웠고 역사는 아무런 문제도 발견하지 못했다. 덩샤오핑이 몰락하면서 그의 가족들도 박해받았다."

1968년 9월, 덩샤오핑의 장남이자 물리학과 학생인 덩푸팡(鄧朴方)은 북경대학에서 열린 '계급 청소' 캠페인 도중 비난을 받다가 4층 건물에서 떨어졌다. 덩푸팡은 홍위병에 의해 즉시 병원으로 후송되었으나 흉추 압박골절로 인해 허리 아래가 마비되었다. 1969년 덩샤오핑의 아이들은 중난하이에 있는 집으로 돌아가 덩샤오핑 부부를 방문했고, 덩난을 통해 덩푸팡에게 장애가 있다는 사실을 알게 되었다. 주오 린은 너무 슬퍼서 며칠 밤낮을 울었으며 덩샤오핑은 남아 있었다.

1969년 10월 17일, 린뱌오(林彪)는 비상 전투 준비 상태에 돌입하도록 전군을 동원하라는 '긴급 지시'를 내렸다. 10월 18일, 린뱌오는 전군에 '제1명령'을 내리고 비상전에 돌입했다. 총참모총장 황용성(黃永胜) 등이 '린 부주석의 첫 번째 명령'으로 공식 발표했다.

10월 20일 덩샤오핑은 장시(江西)성 난창(南昌)으로 보내져 신젠현 왕청강에서 가택연금되었다. 난창까지는 차로 20분 정도 걸린다. 덩샤오핑의 기숙사는 전 보병학교 교장실이었다. 1970년 1월부터 임금은 지급되지 않았는데 원래 덩샤오핑의 월급은 402위안, 좌림의 월급은 165위안이었고, 생활비가 조정된 후 덩샤오핑의 월 생활비는 120위안, 쥐린의 월급은 60위안, 계모 샤베르겐의 월급은 60위안이었다. 초여름의 아침, 덩샤오핑은 트랙터 공장에서 일할 수 있었다. 주오 린은 강제 노동은 하지 않고 세탁 작업을 맡았다. 덩샤오핑은 이 시기를 자신의 인생에서 가장 고통스러운 시기로 여겼다.

## 11. 린뱌오의 사망

문화혁명은 1969년에 와서 끝을 맺게 되었다. 이 과정에서 린뱌오의 해방군이 가장 크게 부각되었고 자신의 최측근이자 문혁(文革)의 일등 공신인 린뱌오를 사실상 후계자로 내정했다. 이후 모든 공식 행사에서 '마오 주석과 린 부주석'으로 불렸다. 린뱌오의 위상은 1969년 제9차 중국공산당 중앙위원회에서 그대로 드러났다. 새로 구성된 정치국 상무위원에서, 린뱌오는 마오쩌둥에 이어 제2인자 자리를 차지했다. 저우언라이는 4위로 밀려나 더는 린뱌오의 적수가 되지 못하는 상황이었다.

하지만 1969년 중국-소련 국경분쟁이 발발하자 린뱌오는 강경한 저항론을 주장하다가 마오쩌둥과 충돌했다. 소련이 핵 공격까지 시사하자 엄청난 충격을 받은 마오쩌둥은 소련을 막기 위해 미국과 손잡아야 한다고 주장했고 예젠잉(叶劍英)[22], 쉬샹첸(徐向

---

22　중화인민공화국의 군인, 정치인. 중화인민공화국의 개국 10대 원수였으며 문화문화대혁명 기간과 이후 벌어진 권력투쟁에서 어느 한쪽에 기울어지지 않는 처신으로 현명하게 대처하여 별다른 변동 없이 자리를 유지할 수 있었다. 그러나 마오의 사후, 4인방의 체포에서는 주도적 역할을 하여 문화대혁명의 청산에 큰 역할을 하였으며, 개혁개방 노선을 지지했다. 중화인민공화국 과도정부의 국가 원수 권한대행을 지낸 바 있었으며 이후 1982년까지 공산당 부주석 직위를 겸직하였고, 1985년 베이징에서 사망하였다.

前), 녜룽전[23] 등 원수들도 대부분 동의했다. 하지만 린뱌오는 인민해방군만으로도 소련과 미국을 충분히 동시에 막을 수 있다면서 수정주의자를 막기 위해 제국주의자와 손잡을 수 없다고 반발했다. 마오쩌둥은 린뱌오를 정신 나간 대국 쇼비즈니스트라고 면박하면서 그를 배제하고 저우언라이, 예젠잉 등을 앞세워 헨리 키신저와 접촉했다.

예젠잉                    녜룽전

위신에 타격을 입은 린뱌오는 천보다와 손을 잡고 자신의 지위

---

23  쓰촨성 장진에서 태어나 프랑스로 유학을 갔다. 황포군관학교 교관, 팔로군 115군 부사단장을 지냈다. 국공내전 때는 화베이 야전군 사령관을 맡았다. 1955년에는 중화인민공화국 10대 원수로 선정되었다. 국무원 부총리, 국가과학기술위원회 주임, 국방과학위원회 주임을 맡아 중국군의 무기 현대화에 공헌하였다. 특히 중국의 핵무기, 미사일 개발을 주도했다. 문화대혁명 시기에는 고초를 겪기도 했지만, 1976년 마오쩌둥의 서거 직후 예젠잉 등과 함께 장칭을 위시한 4인방의 체포를 주도했으며, 공산당 중앙군사위원회 부주석 등을 지내며 당과 군부의 원로 역할을 맡았다.

를 다시 공고히 하려 했다. 1970년 8월 23일, 려산에서 열린 중국공산당 제9기 중앙위원회 제2차 전원회의에서, 천보다가 총대를 메고 국가주석직의 복원을 제안하는 발언을 했다. 그러나 마오쩌둥은 천보다의 발언을 비난하면서 그를 정치국 상무위원직에서 해임해 버렸다. 마오쩌둥은 국가주석직 복원을 린뱌오가 자신의 권력을 찬탈하려는 것으로 여겼다. 린뱌오를 의심하기 시작한 마오는 린뱌오의 권력을 약화하고 당 내 영향력을 점점 줄이기 시작했다.

권력에서 밀려나기 시작한 린뱌오와 그의 측근들은 아직 남아있는 군권을 이용해 마오쩌둥을 제거하기로 결정한다. 그러나 마오쩌둥은 음모가 있다는 첩보를 입수하여, 암살을 피할 수 있었기에 린뱌오의 음모는 결국 실패했다.

일이 틀어지자 린뱌오는 아들 린리궈와 가족들, 측근들과 함께 비행기를 타고 소련으로 망명하려 했다. 그러나 린뱌오 일행이 탄 비행기는 소련까지 가지 못하고, 몽골 상공에서 추락했다. 이를 9.13사건이라고 한다.

1971년 9월 13일, 린뱌오가 사망하자 덩샤오핑은 다음과 같이 말했다. "린뱌오는 죽지 않았으며 하늘은 그것을 허용하지 않는다."

린뱌오의 사망은 중국공산당의 권력 구조에 큰 변화를 불러왔다. 린뱌오는 마오쩌둥의 핵심 측근으로서 중국공산당 내에서 막강한 권력을 행사했다. 린뱌오의 사망으로 인해 마오쩌둥의 권력은 크게 약화되었고, 덩샤오핑과 같은 마오쩌둥의 후계자들 간의 권력투쟁이 본격화되었다.

11. 린뱌오의 사망

11월 8일 덩샤오핑은 마오쩌둥에게 편지를 보내 당과 인민을 위해 더 많은 일을 하겠다는 의지를 표명했다. 1972년 8월 14일, 마오쩌둥은 덩샤오핑의 서한에 대해 다음과 같이 논평했다.

"총리님의 편지를 읽어보고 왕 국장에게 보내 중앙위원회 모든 동지에게 전달해 주십시오. 덩샤오핑 동지의 잘못은 심각합니다. 그러나 류샤오치와는 구별되어야 합니다."

## 12. 복권

1973년 2월 20일, 덩샤오핑은 장시성을 떠나 베이징 중난하이에 있는 옛 거주지로 돌아왔다. 3월 10일, 중국공산당 중앙위원회는 마오쩌둥의 의견에 기초하여 '덩샤오핑 동지의 당 조직 생활과 국무원 부총리직으로의 복귀를 위한 결정'을 내렸다.

3월 28일 저녁, 저우언라이는 마오쩌둥의 지시에 따라 정치국 회의를 주재했고, 회의에서 덩샤오핑이 외교 부총리로 임명될 것이라고 발표했다. 덩샤오핑은 저우언라이의 보좌관으로서 1973년 4월부터 공항에서 저우언라이와 동행하였고, 외국 손님을 만났다. 덩샤오핑도 외국 손님을 만나기 위해 일부 활동에 참여했지만 아직 그들과 대화하는 임무를 맡지는 않았다.

4월 12일, 덩샤오핑은 부총리로서 캄보디아 시아누크 국왕을 위한 연회에 참석했다. 12월 12일, 마오쩌둥은 정치국 회의에서 주요 군사 지역의 사령관들을 동원할 것을 제안했고 덩샤오핑을 총참모총장으로 임명할 것을 공식적으로 제안했다. 덩샤오핑은 중앙 부주석으로 임명되었다.

12월 18일 저우언라이는 중국공산당 중앙정치국 회의를 주재했고, 토의를 통해 마오쩌둥의 제안에 따라 덩샤오핑이 중국공산당 중앙정치국 위원과 당 위원으로 활동하기로 결정했다. 12월 22일 덩샤오핑은 군사위원회를 대표하여 주요 군사 지역 사령관들의 대규모 재배치를 발표했다.

1973년 3월 덩샤오핑은 저우언라이 총리의 추천으로 복권되어 국무원 부총리가 되었다. 방광암으로 투병하고 있던 저우언라이는 덩샤오핑을 자신의 후계자로 생각하고 있었다. 이때 인민해방군 총참모장직을 겸직하기도 했는데, 정치인인 그가 군사위원직을 맡은 게 조금은 이상하지만, 그는 국공내전 당시 정치위원 역할을 한 적이 있는 데다가, 당시 인민해방군에는 계급이 없었으므로 그다지 이상한 것도 아니었다. 더구나 덩샤오핑은 훗날 정권을 잡았을 때도 알 수 있듯이 군부에 대한 영향력이 엄청났다.

덩샤오핑이 재부상하자 문혁 이후 중국의 권세를 누리고 있던 4인방(四人幇)은 긴장했다. 덩샤오핑만 없다면 저우언라이와 마오쩌둥 사후에 권력은 그들의 것이 될 수 있었다. 정치국 회의 등에서 4인방은 덩샤오핑을 격렬하게 비판했다.

4인방이란 왕훙원(王洪文[24]), 장춘차오(张春桥), 야오원위안(姚文元)[25], 장칭(江青) 등 4명을 가리킨다. 1973년 대회에서 당 부주

---

24  왕훙원은 늘씬한 키에 아주 잘생긴 얼굴로 유식해 보였다. 외모와는 달리, 그는 영리한 편이 되지 못했다. 간신히 중학교를 졸업했으며, 정치적으로 공헌한 바도 없었다. 악명 높은 4인방의 일원이다. 상하이의 일개 노동자 출신으로서 중국공산당 중앙위원회 부주석직까지 올랐으나 마오쩌둥 사망 이후 실각했다.

25  야오원위안은 문화대혁명 때 활동한 중화인민공화국의 공산주의 혁명가, 문학평론가, 정치인이다. 문화대혁명을 이끈 4인방 중의 한 명이다. 1968년 12월 11일에 중국공산당 중앙위원회의 위원이 되었다. 한편 언론계에서도 입지를 굳혀, 잡지 《홍기(红旗)》의 총편집장을 맡았고, 천보다가 실각한 이후, 천이 맡고 있던 이데올로기주관을 맡았고, 1970년에는 '비림비공운동'을 주도하기도 하였다.

석에 선출된 왕훙원은 문화혁명기에 활발한 조직 활동을 전개했던 사람이다. 장춘차오는 대약진운동의 이론가로서 활약했던 인물이며, 붓 하나로 중국을 휘어잡아서 일명 '붓대'라는 별명을 가지고 있는 평론가 야오원위안은 자신의 문장력으로 문화대혁명의 불을 지핀 사람이다. 그리고 또 한 사람은 예술단원 출신으로 1930년대에 마오쩌둥과 결혼한 장칭이다.

좌) 왕훙원
우) 장춘차오

좌) 야오원위안
우) 장칭

린뱌오 사후 국방부장직을 계승한 혁명원로 예젠잉(葉劍英)이 덩샤오핑을 옹호했지만, 마오쩌둥의 눈과 귀를 가리고 있는 4인방을 막기에는 무리였다.

## 13. 4인방과의 투쟁

1974년 4월, 덩샤오핑은 중국 대표단의 단장으로서 유엔 총회 제 6차 특별회의에 참석했다. 4월 10일 덩샤오핑은 회의에서 연설을 통해 새로운 국제 경제 질서 구축에 대한 중국의 주장을 분명히 밝히고, 국가 간의 정치·경제 관계는 평화 공존 5원칙에 기초해야 하며, 국제 경제 문제를 관리해야 한다고 지적했다.

덩샤오핑은 유엔 총회에서 마오쩌둥의 '삼세계 분할론'을 발표했다. 덩샤오핑의 연설에 나오는 제3세계에 대한 모든 기본 사상은 마오쩌둥에게서 나온 것이고 미국인들은 사람들이 소련과 연관되는 것을 좋아하지 않기 때문에 이 연설은 『덩샤오핑 선집』에 포함되지 않았다.

1974년 초, 저우언라이의 건강이 악화되었다. 6월 1일, 저우언라이는 치료를 위해 인민해방군 제305병원에 입원했다. 당시 저우언라이는 병원에 입원했지만, 명목상의 지위는 그대로 유지했고, 저우언라이의 지도하에 덩샤오핑은 사실상의 총리가 됐다. 동시에 1974년 초 장칭이 이끄는 4인방은 '린뱌오와 공자운동 비판'을 시작하여 덩샤오핑과 4인방 간의 갈등을 더욱 심화되었다.

10월 20일, 마오쩌둥은 덩샤오핑을 당 부주석, 제1부총리, 군사위원회 부주석, 참모총장으로 임명할 것을 제안했다. 마오쩌둥(마오쩌둥)은 저우언라이, 왕훙원(王洪文)과 대화했을 때 다음과 같이 말하면서 덩샤오핑을 높게 평가했다. "덩샤오핑은 강력한 정치적 사상을 지닌, 보기 드문 인재다."

1975년 1월 5일, 중국공산당 중앙위원회는 마오쩌둥의 제안에 따라 덩샤오핑을 중국공산당 중앙군사위원회 부주석 및 총참모장에 임명하는 1975년 문서 1호를 발행했다. 그 후 그는 즉각 전국적인 극좌파를 바로잡기 시작했다.

1월 8일부터 10일까지 중국공산당 제10기 2중전회가 베이징에서 열렸고, 덩샤오핑을 중국공산당 정치국 위원으로 비준했다. 덩샤오핑을 중국공산당 중앙 부주석, 중국공산당 중앙정치국 상무위원으로 선출하였다.

1월 13일부터 1월 17일까지 제4차 전국인민대표대회 제1차 회의가 주재로 열렸고, 주임은 국무원 총리로 임명되었으며, 덩샤오핑 등 12명이 부총리에 임명되었다. 덩샤오핑은 무대 뒤에서 저우언라이의 보고서 초안 작성을 주재했다. 회의에서 저우언라이는 주요 목표가 '4대 현대화'를 실현하는 것이라고 제안했다. 당 대회에서는 덩샤오핑이 국무원 제1부총리를 맡는 것으로 결정되었다. 저우언라이 총리가 중병에 걸려 병원에 입원한 후 덩샤오핑은 중국공산당 중앙위원회, 국무원, 중앙군사위원회의 일상 업무를 맡았다.

3월 5일 저우언라이를 대신하여 전국 성, 직할시, 자치구 산업부서기 회의에 참석한 덩샤오핑 부총리는 "파벌투쟁을 주도하는 자는 제거되어야 한다"라고 지적했다.

5월 3일, 마오쩌둥은 자신의 관저에서 정치국 회의를 소집했고, 이 자리에 참석한 저우언라이는 마지막으로 마오쩌둥을 보았다.

13. 4인방과의 투쟁

정치국 회의에서는 병환으로 힘들어하던 저우언라이를 대신해 덩샤오핑이 정치국 회의의 의장을 맡도록 하는 결정을 내렸다.

덩샤오핑은 5월 12일부터 5월 17일까지 프랑스를 국빈 방문했는데 이는 중국공산당 지도자가 서방 국가를 첫 번째로 방문한 것이었다. 5월 27일, 덩샤오핑은 마오쩌둥의 의견에 따라 정치국 회의를 주재하고 장칭과 4인방의 잘못을 비판했다. 이에 대하여 4인방은 자신들을 견제하려는 덩샤오핑을 견제하기 시작하였다.

9월 13일, 등(鄧) 총리 대행은 산시(山西)에서 중앙농업회의를 개최하고 당시 극도로 혼란스러운 경제 상황을 전면적으로 바로잡기 시작했다. 이에 따라 먼저 당시 막강한 세력을 갖고 있던 4인방과의 맞대결을 벌이기로 하였다.

10월, 덩샤오핑은 4인방의 권력을 약화하기 위하여 세 가지 강령을 작성했다. 이는 1. '당과 국가의 모든 사업에 관한 총강령(초안)', 2. '중국 아카데미 사업 보고 개요', 3. '산업 발전 가속화에 관한 여러 문제(안)' 등으로 덩샤오핑은 4인방을 견제하기 위하여 마오쩌둥의 세 가지 지시를 정책 방향으로 삼을 것을 제안했다.

11월 20일, 중국공산당 중앙위원회 정치국 회의에서 마오쩌둥의 의견을 바탕으로 덩샤오핑이 문화대혁명 결의안을 주재할 것을 제안했으나 덩샤오핑은 거절했다. 11월 24일 인사회의에서 마오쩌둥은 문화대혁명에 대한 올바른 태도를 갖추기 위해 계급 투쟁을 핵심 고리로 삼는 것이 당의 기본 노선이라고 말하고 이와 같은 내용이 담긴 문건을 전국의 고위 간부들에게 배포했다.

## 14. 4인방의 공격

4인방은 마오쩌둥의 조카인 마오위안신을 움직여 마오쩌둥에게 덩샤오핑이 문화대혁명에 대한 평가에 인색하다고 모함하도록 했다. 마오쩌둥의 조카이자 연락장교인 마오위안신(毛远新)[26]은 덩샤오핑이 문화대혁명의 성과에 대해 부정적으로 생각한다고 보고했다. 마오쩌둥은 자신이 가장 아끼던 장남 마오안잉(毛岸英)[27]이 죽은 직후, 마오위안신을 자신의 곁으로 데려와 그를 '왕자'처럼 모시며 잘 보살폈기 때문에 최측근이라고 할 수 있다.

———

26  1941년 2월 14일에 신장성 디화시(현재의 신장 위구르 자치구 우루무치시)에서 태어났으며 마오쩌둥의 동생인 마오쩌민과 중국공산당의 지하당원이었던 주단화 부부의 아들로 태어났다. 문화대혁명 시기에는 장칭과의 동맹 관계를 맺으면서 마오쩌둥 일가와 홍위병의 활동을 찬양하는 정치 활동을 전개했다. 중국공산당 랴오닝성 당서기로 임명되었고 중국인민해방군 선양 군구 정치부 부주임 정치위원, 중국공산당 중앙정치국 연락위원으로 활동하는 한편 병환으로 정치 활동을 할 수 없게 된 마오쩌둥을 대신해서 중국공산당 정치국 회의에 참석했다. 하지만 1976년 10월에 4인방이 체포되면서 몰락했고 1977년에 공식적으로 체포되었다.

27  마오안잉은 마오쩌둥과 두 번째 부인 양카이휘 사이에서 태어난 큰아들로 한국전쟁에 참전했다가 미군의 폭격으로 폭사하였다.

문화대혁명 당시의 마오쩌둥과 그의 조카 마오위안신

　문화대혁명은 마오쩌둥의 역린이었다. 마오쩌둥은 자신의 문화
대혁명을 부정적으로 생각하던 덩샤오핑의 소위 '우편향' 문제를
해결하기로 결정했다. 마오쩌둥은 "어떤 사람들은 이번 문화대혁명
에 늘 불만을 품고 늘 문화대혁명의 책임을 청산하고 판결을 번복
하고 싶어 한다"라고 지적하며 덩샤오핑에게 은근히 경고하였다.

　12월 2일, 마오쩌둥은 제럴드 포드 미국 대통령과 회담했다. 덩
샤오핑은 마오쩌둥과 함께 마지막으로 외국 귀빈들을 만났는데 이
는 두 사람이 마지막으로 만난 것이었다.

1975년 12월 1일 중국에 도착한 제럴드 포드 미국 대통령과 덩샤오핑 주석

마오쩌둥의 불신이 깊어지는 상황에서 천안문사태가 격화되자 덩샤오핑은 그 책임을 지고 다시 모든 직위에서 물러났다. 그러나 당적 보유만은 허락되었다.

이때 덩샤오핑의 대담성을 알게 해 주는 일화가 있는데 마오쩌둥은 덩샤오핑이 문화대혁명을 긍정적으로 평가해 주길 기대했다. 그런데 덩샤오핑은 끝까지 문화대혁명을 공식적으로 긍정적으로 평가하는 말을 하지 않았다.

덩샤오핑은 일단 마오쩌둥의 건강이 급격히 나빠지고 있다는 걸 알고 있기도 했고 덩샤오핑 본인이 문화대혁명을 긍정적으로 평가했다가 마오쩌둥 사후 자신의 국정 운영에 발목이 잡힐 수 있기 때문에 문화대혁명에 대한 평가를 어물쩍 넘어가려고 했다.

마오쩌둥의 명령이 곧 황제의 명령과 같은 시절이었기 때문에 덩샤오핑의 이런 태도는 마오쩌둥은 물론 당 내 지도 세력들의 관심을 끌기에 충분했지만 덩샤오핑은 자신의 고집을 꺾지 않았다. 대신에 덩샤오핑은 수차례에 걸쳐 자아비판을 해야 했고 마오쩌둥에게 반성문을 보냈지만 이미 마오쩌둥은 더는 덩샤오핑의 말을 듣지 않았다.

어쨌든 이는 마오쩌둥이 얼마나 덩샤오핑을 아꼈는지를 알 수 있는 일화이기도 한데, 마오쩌둥은 덩샤오핑의 중앙 관직은 박탈했지만, 그런 와중에도 그 이상의 공격은 막아주었다.

덩샤오핑이 계속 당권을 유지할 수 있도록 명령한 사람도 마오쩌둥이었고 4인방을 비롯한 급진파들이 덩샤오핑을 숙청하자고 수십 차례 마오쩌둥에게 건의했지만 그는 끝까지 덩샤오핑에게 최소한의 보호는 해 주었다. 과거 펑더화이이나 류샤오치 같은 인사들이 마오쩌둥에게 대항했다가 어떤 비참한 최후를 맞이했는지를 생각해 보면 마오쩌둥이 보기 드물게 인간적인 모습을 덩샤오핑에게 보여주었다는 것을 알 수 있다.

## 15. 천안문사태

  4인방은 덩샤오핑의 방침을 반대하였으며, 자신의 신념을 뒤집는 우경화 추세라고 하였다. 저우언라이(周恩來)는 1976년 1월 8일 오전 9시 57분에 세상을 떠났다.

  저우언라이의 죽음은 마오쩌둥 사후에도 계속해서 권력을 장악하고자 했던 4인방에게는 정적이 자연스럽게 제거되는, 뜻밖의 좋은 일이었다. 그러나 문화대혁명에 적극적으로 참여하다 나중에 소외당한 중국의 혁명 인민, 학생, 군중에게는 아주 달갑지만은 않은 소식이기도 했다. 그리하여 저우언라이를 기리기 위해서 청년 마오쩌둥주의자들의 참여로 천안문 광장에 모인 200만 명의 추모 인파가 문화대혁명 말기의 시국을 비판하는 구호를 외치며 봉기했다.

저우언라이의 추도식에 참석한 군중

인민에게 존경을 받던 저우언라이 총리가 죽자 군중은 그와 대척점에 섰던 4인방의 처벌을 요구했고, 이에 대하여 4인방은 저우언라이 빈소의 설치를 금지하고 검은 옷 착용 금지 등으로 대응했다.

1월 15일 오후 3시부터 천안문 광장 인민대회당에서 추도식이 거행되었다. 추도식에서 저우언라이의 추도식에서 추도사를 낭독한 사람은 덩샤오핑이었다. 저우언라이의 명실상부한 후계자로 대중에게 인식되는 순간이었다. 이후 4인방은 덩샤오핑에 대한 견제를 더욱 강화했다.

1월 20일 정치국 회의에서 덩샤오핑은 세 번째로 자신의 과오에 대한 자기 성찰을 하고 마오쩌둥을 다시 만나고 싶다는 희망 사항을 피력했다. 덩샤오핑이 사임을 제안한 지 2주 후인 2월 2일, 당 중앙위원회는 정치국의 만장일치 동의를 얻어 중국 최고 간부들에게 화궈펑이 총리 대행으로 임명될 것이라고 발표했다.

중앙정치국은 마오쩌둥의 제안을 승인했고 화궈펑은 국무원 총리 대행으로 임명되어 중앙위원회의 일상 업무를 주재했다. 2월 15일, 화궈펑은 전국 성, 직할시, 자치구 및 주요 군사 지역 서기 회의에서 "현재 시급한 임무는 덩샤오핑을 비판하고 덩샤오핑의 수정주의 노선을 비판하는 것이다. 대중은 단결해야 한다."라고 말했다. 그러나 화궈펑은 마오쩌둥과 마찬가지로 덩샤오핑을 비판하는 운동을 제한했다.

2월 16일, 중앙위원회는 중앙군사위원회 보고서를 승인하면서 지난해 여름 중앙군사위원회 확대회의에서 덩샤오핑과 예젠잉이 연설에서 심각한 실수를 저질렀고 그들의 연설 문서 전송이 중단

되었다고 발표했다.

1976년 2월경에는 장칭을 반대하고 저우언라이와 덩샤오핑을 지지하는 큰 글자 포스터가 곳곳에 배포되었다. 4월 4일은 일요일, 중국 사람들이 '무덤을 청소하는' 전통적인 날인 무덤 청소일이다. 200만 명이 넘는 사람들이 천안문 광장에 왔고 주간 애도 활동은 절정에 달했다. 정치국은 긴급회의를 소집했는데, 그 회의에서 화궈펑은 덩샤오핑 세력을 '뛰어나온 나쁜 사람들의 집단'이라고 공격했다. 그들이 쓴 글 중의 일부는 마오쩌둥 주석을 직접 공격했고, 그중 상당수는 당 중앙위원회를 공격했다.

정치국 회의에서는 덩샤오핑이 배후라고 비난하고 인민영웅기념비 주변의 화환을 강제 철거하기로 결정했다. 4월 5일, 베이징에서는 4인방에 반대하고 덩샤오핑의 '천안문 4월 5일' 사건을 지지하기 위한 애도 주간이 열렸다. 4월 5일, 중국공산당 중앙정치국은 민병대와 공안을 파견해 현장의 모든 화환을 치우고 일부 사람들을 체포했다. 전우들이라고 말했지만 결국 진압되었다.

## 16. 세 번째 실각

4월 7일, 덩샤오핑이 참석하지 않은 채 중국공산당 중앙 정치국 회의가 열렸다. 정치국은 이 회의에서 덩샤오핑을 당 안팎의 모든 직위에서 해임하기로 결정했다. 천안문 광장에서 발생한 반혁명 사건과 덩샤오핑의 최근 행적은 덩샤오핑 문제의 성격이 대결적 갈등으로 바뀌었음을 시사한다. 중국공산당은 덩샤오핑과 관련한 당 안팎의 모든 직위는 해임하되 당원 자격은 유지해 덩샤오핑의 행동을 지켜보고자 하였다.'

결국 덩샤오핑은 이번 천안문사태의 배후라는 비난을 받아 다시 한번 당 안팎의 모든 직위에서 해임되었다. 그가 실각하게 된 것은 이때가 세 번째였다.

경호 책임자인 왕동싱(汪东兴,)[28]은 장칭이 덩샤오핑을 제거하기 위해 대중을 동원할 수도 있다는 사실을 마오쩌둥에게 보고했다. 마오쩌둥은 왕동싱에게 덩샤오핑을 자녀들에게서 멀지 않은 안전한 곳으로 옮기고 그의 거처는 4인방에게 비밀로 하라고 지시했다.

---

28  빈농의 가정에서 태어났다. 1932년, 중국 공산주의 청년단의 단원에서 중국공산당에 입당했으며, 중국공농홍군(홍군)에 참가했다. 국공내전에서는 중앙 직속대 사령부의 부참모장을 지냈다. 1947년부터 마오쩌둥 또는 저우언라이의 경호를 맡았다. 문화대혁명 시기에 덩샤오핑과 마오쩌둥 사이의 가교 역할을 담당하여, 덩샤오핑의 근황을 편지로 보고했다. 1976년 9월에 마오쩌둥이 사망한 이후, 화궈펑과 협력하여 자신이 지휘하는 중앙판공청 경위국 중앙경위단 8341부대를 통해 4인방을 체포했다.

왕둥싱

4월 8일, 덩샤오핑은 왕둥싱에게 마오쩌둥에게 자신의 서한을 보내달라고 요청하면서 자신은 여전히 당 규율을 준수하겠다고 밝혔다. 덩샤오핑은 자신의 안위를 걱정한 마오쩌둥에게 다음과 같은 내용의 감사 서한을 보냈다.

"나는 화궈펑 동지를 제1부주석 겸 총리로 임명한 당 중앙위원회의 결정을 전적으로 지지한다. 위원장님과 중앙위원회에 깊은 감사의 말씀을 드린다. 당에 남을 수 있도록 허락해 주신 데 대해서도 진심으로 감사의 말씀을 드린다."

같은 날 인민일보에서 천안문사태를 "계획되고 조직된 반혁명적인 정치적 사건"이라고 비판했다. 4월 18일 인민일보는 '천안문사태는 무엇을 보여주는가?'라는 제목의 사설을 게재했다. 4.5운동에 참가한 대중을 '반공·반인민·반사회 반혁명분자 집단'으로 특정하였으며, 덩샤오핑을 반혁명분자들의 총대표, 반혁명분자라고 불렀다.

6월 30일, 덩샤오핑은 동자오민 골목(东交民巷)에 있는 임시 거주지에서 쿠안 거리(宽街)에 있는, 예전에 살던 집으로 돌아가라는 통지를 받았다.

## 17. 마오쩌둥의 사망과 4인방의 몰락

5월 11일, 6월 26일, 9월 2일에 마오쩌둥이 심근경색 증세를 보이면서 그가 일어나기 어렵다는 사실이 알려지게 되었다. 8월 4인방은 덩샤오핑 비판 캠페인을 시작하고, 덩샤오핑이 발표한 세 가지 강령 문건은 '세 가지 독초'라고 비방하였다.

9월 3일, 장칭은 덩샤오핑을 비판하기 위해 마오쩌둥을 설득했다. 마오쩌둥은 덩샤오핑을 비판하고 문화대혁명을 뒤집는 우경화 경향에 맞서는 캠페인을 시작한 후 이렇게 말했다.

"문화대혁명은 모든 것을 전복하는 것과 전면적인 내전이라는 두 가지 실수를 저질렀다. '문화대혁명'은 성취 7점, 오류 3점이었다. 일반적인 견해는 기본적으로 옳았지만 몇 가지 단점이 있었다."

마오쩌둥은 자신의 인생에서 두 가지 큰일을 했다고 말했다. 첫째는 장개석과 일본인을 몰아낸 것인데 논란의 여지가 없이 인민의 절대적인 지지를 받았다. 둘째는 문화대혁명을 일으킨 것이었다. 하지만 이를 지지하는 사람은 많지 않았으며, 오히려 많은 사람이 반대했다.

9월 9일, 마오쩌둥이 세상을 떠났다. 10월 6일, 화궈펑(华国锋), 왕둥싱(汪东兴,), 예젠잉(叶剑)은 회인당사변(懷仁堂事變)[29]을 일

---

29  1976년 9월 마오쩌둥이 사망한 지 한 달 만에 4인방(마오쩌둥의 부인이었던 장칭, 정치국 위원인 야오원위안, 중국공산당 중앙위원회 부주석인 왕훙원, 정치국 상임위원 겸 국무원 부총리인 장춘차오)이 체포되면서, 문화대혁명의 막을 내리게 한 사건이다.

으켜 4인방을 체포하고 유혈사태 없이 문화대혁명을 종식했다.

저우언라이, 주더, 마오쩌둥이 차례로 사망하고 4인방이 무너졌다. 10월 7일 오후에 정치국 회의가 열렸다. 회의에서는 화궈펑을 중국공산당 중앙위원회 주석, 중앙군사위 주석으로 임명하기로 결정했다.

10년간의 혼란기가 지났지만, 중국은 여전히 3신앙(믿음, 확신, 신뢰를 뜻함) 위기에 직면해 있었다.

4인방이 체포된 후 중국공산당 중앙위원회는 문화대혁명의 종식을 선언했으나 덩샤오핑의 복권에 대해서는 중앙위원회에서 이견이 있었다. 10월 10일, 덩샤오핑은 화궈펑(화궈펑)에게 편지를 쓰고 당 중앙위원회에 합류하여 4인방을 단번에 진압하려는 당 중앙위원회의 결단력 있는 행동을 확고히 지지했다. 화궈펑(화궈펑)은 10월 26일 현재 4인방을 비판하려면 덩샤오핑도 비판할 수 있다고 발표했다.

4인방의 재판

1980년 재판장에
나타난 장칭

## 18. 복권

당 중앙위 주석이던 화궈펑이 문화대혁명에서 살아남은, 10대 원수 출신의 예젠잉(葉劍英), 특무 부대장인 왕둥싱(汪東興)과 결탁하여 4인방을 숙청하였다. 그러나 문화대혁명을 기반으로 급성장한 화궈펑의 힘만으로는 정국을 수습하기가 어려웠으므로, 덩샤오핑을 복직시키자는 의견이 나오기 시작하였다.

1977년 1월 6일 정치국 회의에서는 덩샤오핑의 업무 재개 문제를 논의하고 그를 다시 복귀시키기로 결정했다. 2월 7일 165년 2월 7일, 화궈펑은 인민일보의 사설에서 자신의 견해를 밝혔다. "우리는 모두 흔들리지 말고 마오쩌둥의 지시를 따라야 한다. 그런 의미에서 덩샤오핑의 복귀를 강력히 반대한다. 덩샤오핑의 사상은 마르크스주의나 마오쩌둥 사상이 아니라고 믿는다."라며 덩샤오핑을 견제하였다.

화궈펑은 중국의 경제특구를 출범시키고, 1977년 덩샤오핑의 복권 후 개혁 조치에 동의해 중국의 개방을 촉진했는데, 이로 인해 외국에 너무 의존한다는 비판을 받았다. 3월 10일 4인방이 타도된 후 처음으로 중국공산당 중앙 실무회의가 열렸는데, 이 회의에서 덩샤오핑에게 업무 재개를 제안해 논란이 일었다.

4월 10일, 덩샤오핑은 두 번째로 화궈펑에게 편지를 보내 "화궈펑 동지의 국가 통치 정책과 다양한 현안에 대한 업무 방식을 전폭적으로 지지한다. 내 업무에는 실제로 부족함과 실수가 있었다. 자신의 멘토인 마오쩌둥 주석의 가르침을 다시 한번 진심으로 받아들인다"라고 말해 업무를 재개하면 화궈펑의 노선을 지지하고 따르겠다는 뜻을 표명했다.

그리고 다음과 같이 화궈펑의 업적을 높이 평가했다.

"나의 개인적인 업무 문제, 무엇을 해야 할지, 언제 일을 시작할지는 전적으로 중앙 정부의 고려와 조정에 달려 있다. 우리는 세계를 정확하게 파악해야 한다. 그리고 완전한 마오쩌둥 사상은 대를 이어 우리 전당, 전군, 전 인민을 지도하는 데 사용되었다. 공산당 중앙위원회에서 화궈펑 동지가 당 중앙위원장과 당 위원장을 겸직하도록 결정했을 때, 군사위원회에서 화궈펑이 지도자가 될 것을 알고 있었다. 당 중앙은 가장 현명하고 단호하며 올바른 방법으로 4인방을 타도했다."

5월 13일, '중국공산당 중앙위원회 문서 15호'에는 덩샤오핑이 보낸 두 통의 편지가 전달되었다. 7월 들어 예젠잉은 덩샤오핑의 복직을 요구하였다. 결국 7월 16일부터 7월 21일까지 덩샤오핑은 중국공산당 제10기 3차 전체 회의에 참석했고, 7월 17일 전체 회의에서는 '덩샤오핑 동지의 지위 회복에 관한 결의안'이 만장일치로 통과되어 덩샤오핑을 당 위원으로 복귀시키기로 결정했다.

8월 12일, 중국공산당 제11기 1차 전체 회의가 열렸고, 덩샤오핑은 군대를 대대적으로 개편하고 교육제도를 바로잡았으며, 부당하고 거짓되고 잘못된 사건을 바로 잡았다. 덩샤오핑은 중국공산당 내에서 서열 3위의 지도자가 되었고, 11기 1차 전체 회의에서 중앙

정치국 상무위원, 중앙부주석으로 재선되었다.

1978년 말 이전까지 덩샤오핑은 당의 최고지도자가 아니었고 화궈펑은 당의 최고지도자로서 중국공산당 중앙 주석, 국무원 총리, 중국공산당 중앙군사위원회 주석을 맡았다. 화궈펑의 정치 노선이 덩샤오핑과 불화를 겪게 되자 덩샤오핑은 중국공산당 내에 있는 그의 지지자들을 조심스럽게 선동하여 애초 마오쩌둥의 후계자로 지목되었던 화궈펑을 교묘하게 견제하였다.

결국 1978년 12월, 자신을 사면해 준 화궈펑을 권부에서 축출하였다. 그 후 1981년 6월 중국공산당 11기 6중전회에서 덩샤오핑은 화궈펑의 뒤를 이어 중국 내의 모든 군사력을 지배하는 중국공산당 중앙군사위원회 주석을 맡으며 자신의 권력 승계 작업을 마무리하였다.

마오쩌둥 주석과 함께

# 19. 실권 장악

1977년 8월 3일 열린 과학교육사업 심포지엄에서 덩샤오핑은 무슨 일이 있어도 1978년부터 대학 입시를 치르기로 결심했다. 12월, 덩샤오핑은 중국공산당 중앙위원회 당교 부주임인 후야오방(胡耀邦)[30]을 중국공산당 중앙위원회 조직부장으로 강력하게 추천했다.

1978년 3월 18일 덩샤오핑은 전국학술대회 개막식에서 문화대혁명 당시 지식인의 정치적 입장을 "사회주의에 봉사하는 지식인 노동자는 노동자 인민의 일부"라고 하면서 지금까지의 지식인에 대한 위치를 역전시키는 연설을 했다. 이 연설로 문화대혁명 이후 지식인을 무시하는 잘못된 생각을 바꾸게 되었다. 1977년 9월 19일, 덩샤오핑은 문화대혁명 시기 공산당의 주요 정책을 본질적으로 변화시킨 교육 전선의 혼란을 바로잡는 문제에 관해 교육부 책임 동지들과 회담을 했다.

---

30    중국의 정치인으로서 1981년 화궈펑의 사임 후 잠깐 주석을 맡았다가 1987년까지 명목상 당 서열 1위인 중국공산당 중앙위원회 총서기를 지낸 인물이다. 자오쯔양 등과 함께 20세기에 좌절된 중국 민주화를 상징하는 인물 중의 한 명으로, 후야오방은 국가 체제의 재정비와 국력 중흥을 위해 덩샤오핑과 뜻을 함께하고 개방개혁을 추진했다. 하지만 그 와중에서 학생 소요사태 등이 계속 발생하면서 내부의 혼란이 잇따르자 보수파의 반발로 총서기에서 사임할 수밖에 없었고 얼마 지나지 않아 사망했다. 중국공산당의 파벌 중에서 공청단파의 시조다. 그가 발탁한 인물들이 바로 후진타오와 원자바오다.

1978년 2월 26일 제5차 전국인민 대표대회가 개최되었다. 화궈펑은 정부 업무 보고 내용을 전달하여 계급 투쟁의 지속성을 강조하고 4대 현대화 건설을 강화했다. 회의에 서는 화궈펑 총리, 덩샤오핑 부총리, 예젠잉 주석에 대한 인사 방안이 확정됐다. 그러나 덩샤오핑은 자신의 전략을 실행하기 전에 자신과 화궈펑 사이의 노선 차이를 해결해야 했다.

후야오방

5월 11일, 광밍일보는 후야오방이 '특별 평론가'(덩샤오핑과 그의 부하들의 지지를 받음)로 서명한 '실천은 진실을 검증하는 유일한 기준'이라는 기사를 재인쇄하여 경직된 독단주의와 개인 숭배를 비판했다. 이로써 책임이 있는 화궈펑과 왕둥싱에게 개인 숭배를 문제 삼겠다는 암시를 하였다. 5월 12일에는 《인민일보》와 《광복군일보》도 이 기사를 재인쇄했고, 이후 많은 지역 신문도 재인쇄하였다.

덩샤오핑의 심오한 현실주의적 정치철학은 이러한 정치 게임에서 승리할 수 있었던 요인이 되었다. 4월 5일, 중국공산당 중앙위원회는 1958년 이후 잘못 분류된 우익의 복권 작업을 시작할 것이라고 발표했다. 덩샤오핑이 세 번째 복권한 후, 11월 10일부터 12월 15일까지 중국공산당 중앙위원회 회의는 1976년 4월 5일에 발발한 천안문사태의 가치를 입증했으며, 이는 덩샤오핑이 현재 투쟁 단계에서 권력 우위를 점하고 있음을 나타낸다.

화궈펑은 중앙위원회 회의에서 거센 비판을 받았고, 화궈펑은 정치 행위는 사실에 기초하여 실험은 진실을 검증하는 유일한 기준이라는 원칙에 따라 해결되어야 한다고 인정했다.

12월 2일 중앙실무회의에서 나타난 새로운 상황과 새로운 쟁점에 대해 덩샤오핑은 후야오방(胡耀邦), 후차오무(胡橋穆)[31], 위광위안(于光遠)[32]과 회담을 하고 폐막식에서 연설을 했다.

"특히 최근에는 민주주의라고 하는 민주 선거, 민주적 관리(감독), 정경 통일 등과 같은 공허한 정치를 반대한다. 권력의 분권을 위해 자치와 국가계획의 모순을 해결하고, 가치의 법칙과 수요와 공급의 관계에 따라 조절되도록 하겠다."

---

31  마오쩌둥 사후 이어진 경제개혁시대의 개혁개방을 반대해 논란이 되고 있는 인물이다. 중국공산당 정치국 위원, 중앙고문위원회 상임위원, 신화통신 사장을 역임했다. 중국과학원의 학자로 마오쩌둥의 주요 비서였다. 처음에는 그의 비서 업무가 주로 문화 분야에 집중되었으나 나중에는 정치 분야로 옮겨갔다. 그의 비서 경력은 문화대혁명으로 끝났다.

32  중국의 경제학자, 철학자, 중화인민공화국의 고위 관리다. 중국의 사회주의 시장지향 경제 체제와 '사회주의의 기본 단계' 이론의 첫 번째 지지자 중의 한 사람으로 덩샤오핑(鄧小平)의 측근이자 연설가였다.

후차오무          위광위안          린 젠칭

## 20. 개혁개방 정책

1978년 말, 시중쉰(习仲勋)이 광동성 당위원회의 제1서기로, 양상쿤(楊商坤)이 제2서기로 각각 임명되어 덩샤오핑의 연락원을 맡았다. 덩샤오핑과 양상쿤은 쓰촨성 출신으로 특별한 인연을 갖고 있으며 덩샤오핑이 총서기였을 때 중앙총판부 주임이었고 덩샤오핑과 군부 사이의 믿음직한 연락원이었다.

예젠잉(叶劍英)은 이전에 시중쉰(习仲勋)에게 국내외 광둥 사람들의 진지한 협력을 얻으려면 먼저 1950년대 초 지역주의라는 비난으로 인해 부당한 대우를 받은 간부들을 복권시켜야 한다고 말했다. 1982년 9월 양상쿤이 중앙군사위원회 제1부주석이 되었다.

시중쉰

양상쿤

1980년 8월 18일, 덩샤오핑은 중국공산당 중앙정치국 확대회의에서 '당과 국가 영도체계 개혁'에 관한 연설(통칭 8.18연설)을 하면서 중국이 반드시 해야 할 일을 지적했다. 정치구조개혁과 정치개혁을 시행한다는 것이다. 외부 세계에서는 이를 행정개혁이라고 부른다.

이 회의에서 덩샤오핑은 전국인민대표대회에 포괄적인 헌법 개정안을 제안했는데, 이는 1982년 헌법의 탄생에 직접적으로 기여했다. 1981년 6월 덩샤오핑이 주재한 중국공산당 제11기 중앙위원회 제6차 전원회의에서 18개월 동안 논의된 《중화인민공화국 건국 이래 당의 발전에 대하여》가 채택되었다. 4,000명이 넘는 사람들이 참여하여 9번에 걸쳐 대규모로 수정·개선하였다.

결의안은 중국 역사에서 마오쩌둥의 위치를 확고히 하는 한편, 마오쩌둥의 지도력이 1957년을 기점으로 크게 달라졌다는 점을 지적했다. 계급 투쟁과 경제 건설에 대한 성급하고 공격적인 개혁, 반혁명 세력에 의해 착취당하고 당과 국가, 각 민족 인민에게 심각한 재난을 초래하는 개혁은 잘못 시작된 것이라고 규정되었다.

덩샤오핑은 문화대혁명과 마오쩌둥 말년의 실수를 바로잡고, 개인숭배를 극복하며, 동시에 중국에 대한 마오쩌둥의 공헌을 정확하고 완전하게 평가할 필요성을 지적했다. 덩샤오핑은 마음을 해방하고 사실에서 구하며, 하나로 뭉쳐 앞을 내다보고, 4대 기본 원칙을 견지하는 중국적인 사회주의를 건설하자는 정책을 제안했다.

## 21. 국내 개혁

1982년부터 덩샤오핑은 국내 개혁에 전념했다. 2월 20일 당 중앙위원회는 젊은 간부들을 양성하고, 간부들의 지식과 전문성을 보장하기 위해 노병 퇴직 규정을 제정하고 이들 노간부들을 배치하기 위한 자문위원회를 설립했다.

덩샤오핑은 중앙고문위원회 위원들에게 (당과 정부의) 공직에서 사임할 것을 요구했고, 덩샤오핑은 중앙고문위원회가 10~15년 동안만 존재할 것이라고 발표했다. 전환기에 필요한 특별한 자격을 갖추고 있었다.

덩샤오핑은 중국공산당 제12차 전국대표대회를 주재하고 중국공산당의 신구 지도자 교체를 추진했으며, 옛 동지를 위한 은퇴 자문기관인 중국공산당 중앙고문위원회를 설립했다. 1992년 가을, 중국공산당 제14차 전국대표대회에서 중앙고문위원회의 폐지를 발표한 후 중국공산당의 1세대 참전용사들이 모두 퇴역했다. 동시에 조직을 합리화하고 정부의 직원을 줄이기 시작했다.

1982년 8월 21일 덩샤오핑은 하비에르 페레스 데 케야르 유엔 사무총장을 만나 중국의 외교 정책에 대해 다음과 같이 설명했다.

"어떤 사람들은 중국이 호전적이라고 말하지만, 사실 중국은 평화를 가장 원하는 나라다. 중국은 적어도 20년 동안 싸우지 않기를 희망한다. 우리는 발전을 맞이하고 후진성을 없애고 있다."

9월 12일, 덩샤오핑은 중국공산당 제12기 1차 전원회의에 참석해 중국공산당 중앙정치국 위원, 중국공산당 정치국 상무위원회 위원으로 선출되었다. 중앙위원회 회의에서는 덩샤오핑을 중앙군사위 주석으로 임명하기로 결정했으며 후야오방을 중국공산당 중앙 총서기로 임명하고, 자오쯔양을 국무원 총리로 임명했다. 9월 13일, 덩샤오핑은 중국공산당 중앙고문위원회 제1차 전체 회의에서 중앙고문위원회 주임으로 선출되었다.

1983년 5월 22일 덩샤오핑은 모리셔스 정부 대표단을 만나서 다음과 같이 말했다.

"이제 우리는 농촌 지역의 경제와 정치를 분리하지만, 실행 과정에서 전면적인 실험을 진행하고 단계적으로 진행해야 한다. 정치와 사회의 분리가 옳다는 것이 입증되었다."

덩샤오핑은 10월 중국공산당 제12기 2중전회에서 "정신적 오염은 이념적 전선에서 이루어져서는 안 된다"라고 강조하고 오염을 청소하라는 지시를 내려 '청소'에 나섰다. 정부는 영적 오염 방지 캠페인을 전개했다. 덩샤오핑은 계속해서 우파를 비판하면 좌파 세력이 부활하여 도시 경제개혁에 심각한 영향을 미칠 것이라고 우려했기 때문에 1984년 5월에 오염 방지 캠페인을 종료했다.

1984년 덩샤오핑은 당시 국제 전략 구도와 주변 정세의 발전 추세를 분석·판단하고 세계의 주류는 평화와 발전, 반대 패권주의라고 주장했다. 동시에 국방력 증강에 대한 사고의 전략적 변화를 이끌어냈고, 군은 경제 건설로 전환해야 하며, 중국군은 100만 군대를 감축하겠다고 발표했다. 중국군 내에서는 인재를 활발히 양성하였으며, 군수산업계는 국영을 대규모로 중지하고 군에서 민간으로의 전환에 참여하였다.

덩샤오핑은 1980년대 방위산업과 군사 기업 간의 조정에서 어느 정도 진전을 이루었다. 하지만 군사 기업을 내륙에서 해안 지역으로 이전하고, 관료제를 극복하며, 인력 수준을 향상하는 과정을 완료하는 데는 여전히 몇 년이 걸렸다.

1985년 9월 중국공산당 전국대표대회가 소집되어 중앙위원 56명, 중앙 대체 위원 35명이 추가되었는데, 여기에는 후임 상무위원이 될 인원도 포함되었다.

1986년 4월 4일 덩샤오핑은 유고슬라비아 사회주의 연방공화국 상임위원회 위원장인 블라이코비치(Vlajkovic)를 만나 이렇게 말했다. "우리는 우리의 경험을 요약했는데, 그것은 외부 세계에 개방하고, 고립을 깨며, 내부적으로 활력을 불어넣는 것이다. 이런 식으로는 생산력이 발전할 수 없고, 평등주의를 실천하고 '큰 냄비밥'을 먹는다면 인민의 생활은 결코 나아질 수 없고 그들의 열의는 결코 동원될 수 없다."

9월 3일 덩샤오핑은 정치 체제 개혁의 시급성에 대해 이렇게 말했다. "이제 경제 체제 개혁의 모든 단계에서 우리는 정치 체제 개혁의 필요성을 깊이 인식하고 있다. 정치 체제를 개혁하지 않고는 결과를 보장할 수 없다. 경제 시스템이 지속적으로 개혁되지 않는다면 생산력 발전과 4대 현대화의 실현을 저해하게 될 것이다."

덩샤오핑은 9월 13일 연설에서 다음과 같이 지적했다. "정치 체제 개혁의 목적은 대중 동원, 열의, 효율성 향상, 관료주의 극복이다.

이를 위해 두 가지를 실현해야 한다. 첫째는 당정을 분리해 당이 어떻게 지도를 잘하느냐의 문제를 해결하는 것이다. 이것이 핵심이다. 둘째는 권력을 분권하고 당이 어떻게 지도를 잘하느냐의 문제를 해결하는 것이고, 동시에 각 지방 차원의 분권 문제도 있다."

1987년 10월 25일부터 11월 1일까지 개최된 중국공산당 제13차 전국대표대회에서 덩샤오핑은 당과 정부의 모든 직위에서 사임하고 중국공산당 중앙정치국 상무위원회 위원직을 그만뒀다. 그러나 중국공산당 중앙군사위원회 주석, 국가군사위 주석 직위는 그대로 유지하였고 천윈(陳雲)을 인준하였으며, 최일선 업무를 자오쯔양(趙子陽)에게 맡겼다. 덩샤오핑은 더는 중국공산당 중앙자문위원회 위원장을 맡지 않았다.

쓰촨성 광안현에 있는 덩샤오핑 옛집 공원의 북문

## 22. 철권 통치

개혁개방으로 인해 경제가 발전하고 1980년대 초반 도시화가 심화되고 인구이동이 심화되면서 조직폭력배가 대거 등장하고 각종 경제범죄가 발생하기 시작했는데, 당시 중국은 문화대혁명으로 인해 전통적 도덕 질서가 파괴되어 법체계가 아직 초기 건설 단계에 머물러 있었다. 덩샤오핑은 1983년부터 범죄 활동을 엄격하게 단속했다.

덩샤오핑은 자신의 통치를 유지하기 위해 강력한 철권통치를 사용했다. 중소관계, 중미 관계 문제에 있어서 덩샤오핑은 분명히 좌파와 우파로부터 압력을 느꼈다. 중국의 개방과 함께 중국인들은 서구의 민주주의와 인권 사상을 접하기 시작했고, 우익은 개혁을 정치 분야로 확대해야 한다고 주장했는다. 그는 공개적으로 이러한 행위를 '부르주아 자유화' 표현이라고 비난했고 서구 사상을 모방해서는 안 된다고 주장했다.

그리고 중국의 정치 체제 모델은 중국 특유의 사회주의 노선을 계속 따라야 하기 때문에, 중국의 발전을 위해 가장 필요한 것은 사회 안정이며, 이를 바탕으로 중국만의 경제 발전 모델을 적용해야 한다고 하였다.

1983년 덩샤오핑은 제12기 중앙위원회 2차 전체 회의에서 마르크스주의 지도력을 강화하려면 자유주의를 극복해야 한다고 지적했다. 1985년 5월, 덩샤오핑은 부르주아 자유화를 추구하는 것이 부르주아의 길을 택하는 것을 의미한다고 말했다. "부르주아 자유화란 서방 자본주의 국가들의 민주주의와 자유를 숭배하고 사회주의를 부정하는 것을 의미한다."

1986년 9월 28일 중국공산당 제12기 중앙위원회 6차 전체 회의에서 덩샤오핑은 부르주아 자유화에 대해 다음과 같이 신랄한 연설을 했다.

"우리의 현재 정책을 자본주의의 길로 인도하는 것이다. 자유화는 우리의 안정적이고 통일된 정치적 상황을 파괴할 것이다."

1986년 12월 4일 대학 연설 이후 대규모 학생 시위가 일어났다. 극심한 학생 소요 사태에 직면한 덩샤오핑은 12월 30일 후야오방, 자오쯔양, 완리(万里)[33], 후치리(胡启立)[34], 리펑[35] 등을 불러 부르주아 자유화에 반대한다고 말했고 그들이 학생 소요 사태를 진압

---

33    산둥성에서 태어나 1936년 중국공산당에 입당했다. 베이징시 부시장, 공산당 당서기, 베이징시 당서기, 중공 철도부 부장, 혁명위원회 주임을 역임하였다. 1980년에 국무원 부총리가 되었고 그후 농업과 도시 개혁 정책에 참여하였다. 국무원 부총리, 전국인민대표대회 위원장 등을 역임했다. 1987년 중국공산당 중앙정치국 위원이 되었으나 중국공산당 전인대 상무위원장을 지낸 후 1990년대 이후 주요 고위직에서 퇴임하였다.

34    중화인민공화국의 정치인이다. 제13기 중국공산당 중앙정치국 상무위원을 지냈다. 1989년에 발생한 천안문사태 이후 시위 책임자 중의 한 명으로 1991년에 상무위에서 물러났다.

35    중공 총리를 지낸 중화인민공화국의 정치인이다. 천안문사태 때는 강경 진압을 주장하고 시위대를 무력으로 해산했다. 당시 최고권력자인 덩샤오핑을 설득하며 군대를 동원한 유혈 진압을 주장했다.

하지 못했다고 비난했다. 그러나 문제의 성격으로 볼 때 그것은 매우 심각한 사건이었다.

완리            후치리            리펑

덩샤오핑은 "문제가 생기는 이유는 리더십이 부재하고 태도가 명확하지 않기 때문이다. 앞으로 이러한 문제는 한두 곳이 아니라 여러 곳에서 발생할 것이다. 이러한 문제는 지난 몇 년간 부르주아 자유화를 반대하는 데 있어서 뚜렷한 입장 표명과 확고한 태도가 부족하여 생긴 결과다."라고 말했다. 이를 통해 앞으로는 부르주아 자유화에 반대하라고 지시했다. 그리고 후야오방은 이데올로기에 도전하는 '부르주아 자유화' 추세에 동조했다는 이유로 총서기직에서 해임되었다.

1987년 1월 중앙정치국은 후야오방의 중국공산당 총서기직 사임을 비판한 후 이를 수용했지만 중앙정치국 상무위원회 위원직은 유지하도록 했다. 그리고 중앙정치국 상무위원회는 자유화 활동을 수행한 당 내 지식인 그룹을 추방했다. 당을 탈퇴하고 1월 말까지 한 달 이상 지속된 학생 소요가 마침내 진정되었다.

후야오방은 자신의 결단력 없는 태도에 책임이 있음을 깨닫고 사직서를 제출하였다. 후야오방의 총서기 직위는 덩샤오핑 보좌관인 자오쯔양이 이어받았다. 경제적 보수 사상을 유지하면서 리펑이 국무원 총리로 임명되었다.

1987년 4월과 5월, 덩샤오핑은 당 내의 '보수' 세력이 반자본주의 운동을 이용해 개혁개방 노선 전체를 공격하려 한다는 사실을 깨닫고 공개적으로 이렇게 말했다. "'좌'에 반대하는 것은 우리의 과거 잘못이 '좌'에 있기 때문이다.', '우리는 '좌'의 간섭과 우익의 간섭을 모두 받고 있지만 가장 큰 위험은 여전히 '좌'다."

덩샤오핑은 개혁개방의 중요성을 거듭 강조하면서 '좌파가 주요 위험'이라고 말하고 지속적인 개혁을 주장했다. 덩샤오핑은 다시 한번 반자본주의 운동을 종식하고 '좌파' 세력의 부활을 막기 위해 단호하게 행동했으며, 5월부터 개혁과 개방이라는 수사가 다시 대중화되었다.

## 23. 천안문 6.4항쟁

후야오방은 1989년 4월 중난하이(베이징시 시청구에 있는 옛 황실 원림)에서 소집된 중국공산당 중앙정치국 회의에 참석했다가 갑자기 심장병 발작으로 쓰러져 4월 15일 세상을 떠났다. 이에 대학생들과 노동자들은 해임됐던 후야오방에 대한 평가를 공정하게 해달라고 요구하며 시위를 벌이기 시작했다.

시위의 원인은 표면적으로는 대장정 출신의 후야오방 전 중국공산당 총서기 사망에 따른 공정한 평가였지만, 이면에는 중국 통화팽창, 중국공산당 관리들의 부패, 중국 인민의 대량 실업 직면, 소련공산당 개혁파 고르바초프의 방중과 중국공산당의 경제개혁 결정 등에 대한 불만이 주요한 배경으로 자리 잡고 있었다.

베이징 학생들은 후야오방을 추모하며 전국인민대표대회 대표단과 리펑 총리에게 자신들의 정치적 이상과 요구를 표명했다. 4월 16일에는 약 800명의 학생들이 천안문 광장으로 행진해 광장 중앙에 있는 인민영웅 기념비 앞에서 후야오방에게 화환을 바쳤고, 대학에서 애도하기 위해 온 사람들을 경찰은 방해하지 않았다. 이 운동은 사회로 확산되었고 상황은 더욱 악화되었다.

1989년 4월 17일부터 인민들이 그의 죽음을 애도하고 시위를 계속하였으며, 참가자는 계속 늘어났다. 처음에는 시위대의 대부분이 대학생, 하강 근로자들, 농민공들이었으나 갈수록 문화대혁명

관련자들, 석방된 정치범들, 사회 불만 세력들이 섞이며 후반부로 갈수록 시위 양상이 격화되어 갔다.

5월 13일, 수천 명의 베이징 학생들은 소련의 개혁주의 지도자인 미하일 고르바초프의 중국 방문을 기회로 삼아 천안문 광장에서 단식농성을 벌였다. 그들은 단식농성을 이용해 중앙 정부에 압력을 가하고 압력 단체를 설립하려고 노력했다. 자오쯔양은 중소 정상회담의 진행을 방해하지 않기 위해 학생들에게 자제하라고 당부했지만, 오히려 학생들의 감정은 격렬해졌고 그들은 모든 타협 방안을 거부했다. 상호 불신과 합리성 부족으로 인해 학생과 관계자 간의 상호작용 실패는 통제할 수 없는 상황을 초래했다.

5월 15일 고르바초프는 베이징에 도착했고, 5월 16일 자오쯔양은 고르바초프를 만났을 때 공개적으로 "가장 중요한 문제에서는 덩샤오핑 동지가 주도권을 잡아야 한다"라고 말했다. 백만 명의 사람들이 베이징에서 단식 투쟁을 지지하기 위해 거리로 나섰고, 많은 사람이 덩샤오핑을 비난했다.

고르바초프

국무원은 사회 안정을 보장하고 정상적인 질서를 회복하기 위해 5월 20일부터 베이징의 일부 지역에 계엄령을 시행하기로 결정했다. 6월 3일 오후 긴급회의를 열어 지역 청소에 대한 최종 계획을 검토했고 양상쿤이 덩샤오핑에게 계획을 전달했으며 즉시 승인되었다.

덩샤오핑이 리펑 총리에게 시위대를 무력으로 진압하라는 명령을 내리면서 "피해는 최소화해야 하지만, 어느 정도의 피는 반드시 보라. 20만 명의 목숨을 희생시키는 한이 있더라도, 20년간의 평화를 손에 넣자"라고 하였다.

6월 3일 저녁부터 이튿날 새벽까지 천안문 일대에서 중국 군대, 전경과 시위대가 충돌한 뒤 유혈사태가 빚어졌다. 유혈사태의 피해자에 대해서는 기관마다 다르게 발표했지만, 애초 정부의 공식 발표로는 민간인 사망자 300여 명, 부상자 7천여 명이었다.

덩샤오핑은 수도 계엄군의 고위급 간부들을 만나 폭동에 단호하게 대처하도록 지시했다. 일부 동지들은 한동안 그것을 이해하지 못했지만, 결국 중앙정부의 결정을 이해하고 따르게 되었다.

이후 자오쯔양은 6.4민주화운동에 동조했다는 이유로 총서기직에서 해임되었다. 덩샤오핑은 기존 베이징 고위 관료 중에서 후임자를 선택하지 않기로 결정하였다. 이때 천윈(陳云)과 리셴녠(李

先念) 등이 상하이 지도자인 장쩌민을 덩에게 거듭 추천하였다. 덩샤오핑은 두 사람의 추천을 신속하게 받아들였다.

중국공산당 중앙은 6월 23일부터 24일까지 제13기 제4차 전체회의를 소집하여 자오쯔양을 모든 직책에서 해임하기로 결의하고 장쩌민[36]을 당 중앙 총서기로 선출했다. 그때부터 장쩌민은 중국공산당 3세대 지도층의 핵심으로 인정받았다.

장쩌민

---

36　장쑤성 양저우에서 태어나 공산당에 입당하여 문화대혁명이 시작되자 곧 당과 공직에서 추방되어 10년 동안 피신 생활을 하다가, 1976년 국무원 제1기계공업부 책임자로 복귀했고, 국가 수출입관리위원회 부주임, 외국투자관리위원회 부주임을 거쳐 전국인민정치협상회의 위원, 중국공산당 중앙위원회 총서기 겸 중국공산당 주석(1993~2003년)에 선출됨으로써 당과 정부의 전권을 완전히 장악하였다.

## 24. 은퇴

1989년 5월 31일 덩샤오핑은 개혁을 실행하기 위한 유망 리더십 그룹의 구성과 관련하여 다음과 같이 말하면서 개혁개방을 지속적으로 해나갈 것을 지시하였다. "개혁개방에 참여하는 팀은 외부에 공개되는 몇 가지 일을 분명히 해야 한다. 기회가 있을 때마다 놓치지 말고 끈질기게 노력하여 개혁개방, 대개방을 구현해야 한다. 나는 예전에 우리가 홍콩을 몇 개 더 만들겠다고 했는데, 이는 과거보다 더 개방해야 한다는 의미다. 개방하지 않으면 발전할 수 없다. 자본은 거의 없지만 개방을 통해 이익을 얻을 수 있고 고용을 늘릴 수 있다. 세금 인상, 토지 이용, 각종 산업의 발전 촉진, 재정 수입 증대 등은 우리에게 이익이 된다. 홍콩을 예로 들면 우리에게 이익이 될 것이다. 홍콩이 없었다면 적어도 우리는 잘 살 수 없었을 것이다. 요컨대 개혁개방은 더 과감해야 한다."

11월 8일, 85세의 덩샤오핑은 중국공산당 제13기 5차 전원회의에서 은퇴를 선언했다. 11월 9일, 중국공산당 제13기 5중전회에서 덩샤오핑의 중앙군사위원회 주석직 사임과 장쩌민 당시 공산당 중앙총서기직의 사임이 승인되었다. 1990년 3월 21일 덩샤오핑은 제7기 전국인민대표대회 제3차 회의에서 중화인민공화국 중앙군사위원회 주석직을 사임하고 장쩌민이 그 뒤를 이었다. 그는 은퇴한 뒤에도 여전히 중국공산당의 영적 지도자였다.

## 25. 말년

1992년 1월 17일 덩샤오핑이 탄 특별열차가 베이징역을 떠났을 때 베이징의 다른 지도자들과 간부들이 배웅하러 나왔다. 이 열차에는 총 17명 [덩샤오핑 부부와 네 자녀(덩지팡은 동행하지 않았다.), 그 배우자들 및 자녀들]이 함께 탔다.

1992년 봄, 덩샤오핑은 우한, 광저우, 선전, 주하이, 상하이를 시찰했다. 덩샤오핑은 예전의 명성에 의지해 일반 당원으로서 순회 시 일련의 연설을 통해 경제 건설의 중요성을 강조하고, 개혁개방에 회의적인 사람들을 비판하고 이를 실현했다.

덩샤오핑은 1월 27일 주하이의 장하이 전자유한회사를 시찰하면서 이렇게 말했다.

"유럽의 복지 사회는 국가와 사회가 담당한다. 말도 안 된다. 노인이 너무 많고 인구가 노령화되고 있다. 국가도 감당할 수 없고 사회도 감당할 수 없으며 문제는 점점 더 커질 것이다. 우리는 여전히 가족을 부양해야 한다. 전국에 노인을 부양하는 사람이 많고 모두 가정에 의존해 노인을 부양하고 있다. 공자 시대 이후로 우리는 노인 부양을 주장해 왔다."

전국 각지의 언론 매체들이 개혁개방에 대한 지지를 표명하고, 덩샤오핑의 남부 순회에 동행한 양상쿤이 군에서 덩샤오핑의 남부 순회 연설을 연구하기 시작하자, 중국공산당 중앙위원회는 1992

년 2월 말 중국공산당 중앙위원회 제2호에 기초한 남부 순회 연설의 요점 문건을 전체 당원에게 배포하였다.

덩난의 순방 직후 전국적으로 '배증' 열풍이 불었다. 배증이란 지역의 국가 생산 가치나 산업 생산 가치가 2배가 되는 고속 발전을 추구하는 것을 의미한다.

중국은 10년 이상 농촌에서 도시에 이르기까지 경제 시스템을 개혁해 왔으며 여러 가지 변동을 겪었지만, 마침내 시장경제 체제에 진입했다. 1992년 10월 중국공산당 제14차 전국대표대회가 전국적으로 '덩샤오핑 태풍[37]' 분위기 속에서 열렸는데, 장쩌민은 회의에서 경제 체제 개혁의 목표는 사회주의 시장경제 체제를 구축하는 것이라고 지적했다. 사회주의와 시장경제는 역사적 유물론의 측면에서 보면 모순적인 관계이기 때문이다.

14차 당대회에서는 사회주의 시장경제의 개념을 확립했는데, 이는 중국공산당이 전통적인 마르크스주의의 족쇄에서 벗어났음을 반영한다. 실질적인 측면에서 14차 전국대표대회는 시장 개혁가들의 승리를 의미한다. 이후 중국공산당의 계획과 시장을 주요와 보조의 관계로 간주한다. 즉, 계획은 더 이상 경제 발전에 주도적인 역할을 하지 않는다. 단지 거시 경제의 전략적 목표를 공식화하고 합리화할 뿐이다. 제14차 전국대표대회는 중국의 시장 진출 움직

---

37　'덩샤오핑 태풍'은 1980년대 초 중국을 휩쓸었던 개혁개방의 바람을 비유적으로 표현한 말이다. 덩샤오핑은 1978년부터 1992년까지 중국의 최고지도자로 재임하면서 개혁개방 정책을 추진하여 중국을 세계적인 경제 강국으로 이끌었다. 덩샤오핑의 개혁개방 정책은 중국 경제의 급속한 발전을 불러왔고, 중국 사회 전반에 걸쳐 큰 변화를 일으켰다.

임이라고 할 수 있으며, 경제에 대한 중요한 기준이 된다.

1992년 발생한 덩샤오핑 바람은 3년 넘게 정체되었던 중국 경제에 활력을 불어넣고 시장경제 방향으로 크게 진전되었다. 정부는 효과적인 경제 규제 조치를 적시에 마련하지 못했으며, 이러한 조치는 1992년부터 1993년까지 중국 경제의 부분적인 과열과 혼란스러운 금융 질서 등의 문제를 초래했다. 덩샤오핑의 이념과 정치정책은 줄곧 '덩샤오핑 이론'으로 구현되어 왔다. 그는 공식적으로는 '개혁개방과 중국 사회주의 현대화 추진의 주요 설계자'로 칭송받는다.

공식 보고에 따르면 덩샤오핑은 1993년 10월 31일 공개석상에 마지막으로 모습을 드러냈다. 그는 큰 관심을 갖고 막 개통된 베이징 지하철을 이용해 옛 베이징의 절반을 여행했다.

덩샤오핑은 1994년부터 건강상의 이유로 국정에 참여할 수 없었고, 천원 역시 1994년 8월에 큰 수술을 받고 1995년 4월에 사망했으며, 이 시점에서 중국의 '쌍봉 정치' 패턴은 공식적으로 무너졌다.

## 26. 남순강화

1989년의 천안문사태와 그 후폭풍으로 경제개혁과 개방을 반대하는 세력이 강력해지기 시작했다. 개혁개방을 계속 밀어붙이면 소련처럼 1당 독재체제의 붕괴를 재촉시킬 것이라는 우려 때문이었다. 이들 보수파는 개혁개방, 자본주의 시장경제 체제의 도입을 여기서 멈추고 당에 의한 통제를 확고히 해야 한다고 주장했다.

한편 상하이에서 시위대에 강경하게 대처한 공로로 단숨에 중앙정계에 진입한 장쩌민 국가주석은 덩샤오핑의 개혁파와 천원의 보수파 사이에서 줄타기를 하고 있었다. 천안문사태 이후 중국은 과거 마오쩌둥시대로 퇴보하지는 않았지만, 외국에 약속했던 추가적인 개혁개방, 시장경제화는 모두 미뤄졌고, 정치는 극도로 경색되었다. 천안문에서의 잔인한 유혈 진압에 격분한, 미국을 비롯한 서구는 중국에 대해서 적대적인 태도로 돌변해서 모든 방면에서의 교류·협력을 중단했다. 이로 인해 외국인 투자는 급감하고 국제사회에서 중국의 위상은 실추되었다. 하지만 서구는 중국을 적성국으로 규정한다거나 무역을 봉쇄하지는 않았다. 천안문사태 직후에는 최혜국 대우 연장 불가, 경제 제재, 무역 중단 같은 조치들도 거론되었으나 결국 모두 흐지부지되었다.

냉전이 막 종식된 상황에서 중국을 또다시 적성국으로 규정하고 새로운 냉전을 시작하기에는 서구의 정치권이나 대중은 모두 피로 감을 느꼈으며, 당시 10억 인구의 거대한 시장을 놓치기가 너무나 아까웠기 때문이었다.

여기에 1989년 12월, 차우셰스쿠가 처형되고 1991년 12월 소련이 붕괴되자 중국공산당 지도부는 경악을 금치 못했다. 이 때문에 천 윈 등은 계급 투쟁을 다시 중심으로 삼아야 한다면서 개혁개방의 전면적인 후퇴를 주장했다. 공식적으로 장쩌민은 경제 건설로 공산당 지위를 굳혀야 한다고 주장한 것으로 전해지는데 정작 장쩌민의 실질적 정책은 그렇지 못했기에 사상 강조, 정치 통제의 강화에 있어서 이 부분은 윤색되었을 가능성이 높다.

장쩌민의 완고한 태도에 자신이 죽고 나면 개혁개방이 무산되고 자신이 그저 천안문에서 학생들을 죽인 살인마로만 기억될 것을 우려한 덩샤오핑은 후치리, 옌밍푸 등 숙청당한 개혁개방파를 복권시키고 심지어 자오쯔양의 복권 카드까지 꺼내들면서 장쩌민을 압박했다. 하지만 보수파가 완고한 자세를 바꾸지 않자 덩샤오핑은 1992년 1월, 소위 남순강화라는 행보를 시작한다.

이는 명목상 가족여행이었고 덩샤오핑은 실제로 여러 명소를 방문하면서 관광을 즐기는 듯했지만 한 가지 주목할 점은 가족여행에 당중앙군사위원회 제1부주석인 양상쿤이 동행했다는 것이었다. 그리고 덩샤오핑의 여행 준비에서 당은 배제되고 인민해방군이 준비를 맡았으며 중군위 비서장 양바이빙이 총정치부, 해방군보를 동원하여 인민해방군의 덩샤오핑에 대한 지지를 천명하였다. 1월 17일, 전용 열차로 베이징을 떠난 덩샤오핑은 먼저 후베이성 우한과 후난성 창사를 방문하였는데, 후베이성 서기 관광푸와 후베이 성장 궈수엔에게 다음과 같은 엄중한 경고 내용을 중앙에 전할 것을 지시했다.

"우리 지도자들은 마치 무엇인가 하는 것처럼 보이지만 실제로는 값어치 있는 일을 하나도 하지 않는다. 텔레비전을 보면 온통 회의와 행사뿐이다. 우리 지도자들은 자신들을 텔레비전 스타로 생각하는 것이 틀림없다. 개혁에 반대하는 사람들은 그 누구라도 자리에서 물러나야 할 것이다."

선전과 주하이를 방문했을 때에는 "개혁개방 노선, 정책, 방침을 바꾸려는 사람들에게는 인민들이 호응하지 않을 것이고, 누구라도 타도될 것이다. 이 점에 대해 나는 몇 차례 언급하였다."라고 또다시 경고했다. 보수파가 우세하였던 중국공산당 중앙 지도부는 덩샤오핑의 남순강화를 평당원의 가족여행으로 폄하하면서 보도를 금지하였으나, 사태가 심상치 않은 것을 눈치챈 홍콩의 명보, 대공보 등이 취재를 하기 시작하였고 홍콩 언론을 일상적으로 접할 수 있던 광둥성과 푸젠성이 이에 호응했다.

상하이 해방일보, 선전특구보 등 지방 언론들이 덩샤오핑의 남순강화를 보도하기 시작했으며 2월에 이르러서는 인민일보도 동참하였다. 3월부터 선전특구보를 중심으로 덩샤오핑의 현지 지도를 매우 자세히 보도하기 시작했고 광저우 양청만보, 광명일보, 문회

보에 이어 신화통신이 전국에 덩샤오핑의 남순강화 동정을 보도하
였다.

덩샤오핑의 뒤에 중군위 제1부주석 양상쿤, 중군위 비서장 겸
총정치부 주임 양바이빙, 중군위 부주석 류화칭 등 중국의 군사지
도자들이 모두 따라붙었으며 심지어 장쩌민의 경쟁자인 정법위 서
기 차오스까지도 덩샤오핑 쪽에 서면서 중국 지도부는 경악하였
다. 덩샤오핑은 자신의 뒤에 군대가 있다는 것을 보수파에게 매우
노골적으로 보여준 것이었다. 남순강화가 끝난 후인 8월에는 전국
군구의 사령관들이 개혁개방을 옹호하는 궐기 사설까지 내보내면
서 총이 누구의 손에 있는지가 매우 명백해졌다. 장쩌민은 2월 3
일, 상하이에 도착한 덩샤오핑에게 새해 안부 전화를 걸면서 아부
를 해야 했고, 중앙 문건을 통해 전국 각지의 간부들이 남순강화
에 대해서 학습하게 하였다. 2월 21일, 덩샤오핑은 의기양양하게
베이징으로 돌아왔다.

3월 9일부터 10일까지 열린 정치국 확대회의가 남순강화를 공식
적으로 수용하기로 결정했고, 3월 11일 자 신화통신 보도 내용을
통해 정치국 공보를 발송하여 전국에 알리게 했다. 덩샤오핑은 5월
22일, 서우두철강을 현지 지도할 때 지도자는 반드시 경제통이어
야 하며 주룽지야말로 경제를 확고히 장악했다고 그를 크게 칭찬
하는 한편, 장쩌민에게 계속 까불면 주룽지로 총서기를 교체하겠
다고 위협하였다. 이에 장쩌민은 14차 당대회에서 자신이 몰락할

수도 있다는 공포에 휩싸여 "14차 당대회에서 누가 보고를 발표할지도 모르겠다."라고 넋나간 소리를 할 정도였다.

천원과 보이보는 이미 총서기를 두 번이나 찍어냈는데 세 번씩이나 갈아치울 순 없다고 하면서 장쩌민에 대한 지지 의사를 분명히 했다. 하지만 장쩌민은 덩샤오핑에게 완전히 기울어 5월 29일 중앙당교에서 열린 성부급 간부 연수반 졸업식에서 덩샤오핑을 찬양하면서 그에게 줄을 대게 되었다. 천원은 중앙고문위원회를 소집하여 최후의 저항을 하였으나 덩샤오핑의 선동으로 전국 각지의 지도자들이 개혁개방을 요구하면서 중앙을 압박했고 국무원 부총리 톈지윈을 비롯한 남순강화에 고무된 개혁개방파들이 반격에 나섰다.

톈지윈은 극좌파들을 좌파 특구를 만들어서 격리해서 평생 배급이나 받아처먹고 쇄국주의나 하면서 살게 만들자는 폭탄발언까지 했으나 원로들의 항의에도 덩샤오핑이 별것도 아닌데 웬 소란이냐고 톈지윈을 옹호하면서 보수파는 몰락하였다.

중국공산당 내의 마지막 개방 vs 쇄국의 대결에서 승리한 덩샤오핑과 개방 세력은 결국 중국의 경제정책 방향에 마침표를 찍었고, 중국은 달리기 시작했다. 1993년에 NBA를 라이브로 중국 공영방송에서 틀어주기 시작한 것이나 같은 해에 상하이증권거래소, 선전증권거래소가 세워진 것이 대표적인 예다.

참고로 중국공산당 내부의 개방 반대 세력인 보수파의 수장은 덩샤오핑과 동급의 영향력을 가졌다고 평가되던 천윈(진운, 陳雲)으로, 덩샤오핑이 먼저 죽으면 보수화가 진행되고 천이 먼저 죽으면 개혁개방이 유지된다는 것이 당시 해외 중국 전문가들의 공통된 견해였다.

본디 천윈이 병약했던지라 덩보다 일찍 죽을 것이라는 게 대부분의 예측이었으나, 부인의 극진한 간호로 인해 의외로 장수하여 세간의 관심을 받았는데, 결국 남순강화 직후 천윈은 "과거에 유효했던 방법은 이미 적용할 수 없게 되었다"라고 하면서, 자신이 밀렸음을 인정하는 듯한 발언도 했다. 이후 1992년 10월, 제14차 당대회의 당 규약 개정으로 중앙고문위원회가 폐지되어 천윈은 은퇴했고, 1995년 사망했다. 덩샤오핑은 그보다 2년 뒤에 죽었다.

## 27. 덩샤오핑의 사망

1996년 12월 12일 덩샤오핑은 호흡기 질환으로 중국인민해방군 종합병원의 남관병동에 입원했다. 중국 중앙TV는 첫 프로그램으로 1997년 1월 1일 전기 다큐멘터리인 '덩샤오핑'을 방송했다. 당시 말기 파킨슨병을 앓고 있던 덩샤오핑은 병동에서 자신을 묘사한 전기 다큐멘터리 12편을 모두 시청했다.

1997년 2월 춘절 전날, 상태가 약간 회복된 덩샤오핑은 공산당 중앙위원회 총서기인 장쩌민을 방문했을 때 전국 각 민족 인민들에게 다음과 같은 명절 축하 인사를 전했다. "중국 당은 장쩌민을 핵심으로 하는 중국공산당 중앙위원회의 영도 아래 올해는 대성공하기를 희망한다. 중국공산당 제15차 전국대표대회의 소집이 성공적으로 완료되었다."

2월 15일, 덩쭤린 여사와 그녀의 아이들은 장쩌민에게 편지를 보내 덩샤오핑의 마지막 지시를 그에게 전달했다. 2월 19일 21시 8분, 덩샤오핑(鄧孝平)이 92세 나이로 세상을 떠났다. 사망 원인은 파킨슨 증후군과 폐감염이었다.

2월 20일, 유엔의 국기 규정에 따라 평소와 같이 유엔 본부에 조기가 게양되었으며, 유엔은 국가 총회는 묵념의 순간을 보냈다. 그의 장례식 차량은 이중 뒷문이 달린 토요타 코스터(Toyota Coaster)였다. 덩샤오핑의 마지막 소원에 따라 그의 각막은 안과 연구를 위해 기증되었고 그의 내부 장기는 의학 연구를 위해 기증되었으며 그의 분골은 3월 2일에 바다에 뿌려졌다. 덩샤오핑이 죽은 후 중국은 덩샤오핑 이후 시대에 접어들었다.

말년의 큰 소원 중의 하나가 자국으로 반환된 홍콩 땅을 밟는 것이었지만 5개월 남짓 앞두고 사망했다. 그 외에도 두 가지의 소원이 더 있었다. 하나는 중국 축구 국가대표팀이 월드컵 본선에 진출하는 것이었는데, 그가 죽은 지 5년이 지난 후에 중국이 2002 한일 월드컵의 본선에 진출했다. 또 하나는 대만과의 양안 통일이었는데, 이것은 현재까지 이루어질 기미가 보이지 않고 있다.

이와 같은 소원에 따라 그의 유해는 화장되어 비행기에서 중국과 홍콩, 대만 사이에 있는 남중국해에 뿌려졌다.

유언으로 도광양회(韜光養晦), 즉 향후 50여 년 동안은 국제사회에 섣불리 나서지 말고 인내하며 조용히 힘을 키우라는 말을 남겼다. 즉, 힘을 키우기 전까진 패권을 추구하지 말라는 것이다.

또한 그의 유훈 중에는 '러시아를 경계하라'는 것도 있었다. 이는 중소 분쟁 시기를 겪으면서 러시아에 대해서 경계심이 커졌기 때문이다. 이와 관련해 덩샤오핑은 생전에 이런 농담도 하였다고 한다.

"중국은 총 한 방 쏘지 않고도 러시아를 점령할 수 있다. 중국군이 모두 러시아에 들어가 항복하면 러시아는 그들을 먹여 살리느라 거덜이 날 것이고 그러면 러시아는 자연스럽게 중국의 차지가 될 것이다."

그러나 덩샤오핑의 유훈과는 달리 중국의 대외적 성향은 점차

　　　　　　　　　　　　　27. 덩샤오핑의 사망

공격적으로 변해갔고 끝내 그가 사망한 후 20년도 채 지나지 않아 미국-중국 간의 패권 경쟁으로 이어졌다.

# 제3장

# 덩샤오핑의 경제개혁

## 01. 경제개혁을 하게 된 배경

덩샤오핑은 오늘날의 중국을 만들기 위하여 여러 분야에서 업적을 쌓았다. 덩샤오핑의 가장 큰 업적은 중국의 경제개혁을 성공적으로 이끌어 중국을 오늘날처럼 세계 경제의 주요 주자로 이끈 것이다. 덩샤오핑은 중국의 경제를 계획경제에서 시장경제로 전환하는 개혁을 추진하여, 중국 경제의 급속한 성장을 이끌었다.

덩샤오핑이 경제개혁을 추진하게 된 배경은 다음과 같다.

1970년대 말의 중국 경제는 심각한 어려움을 겪고 있었다. 대약진운동과 문화대혁명으로 인한 혼란으로 인해 경제 성장이 정체되고, 국민들의 생활 수준이 크게 떨어져 있었다.

대약진운동은 1958년부터 1962년까지 진행된 마오쩌둥의 주도하에 이루어진 경제 발전 운동이다. 대약진운동은 농업 공동화를 통해 생산력을 높이고, 공업화를 통해 국가의 경제력을 증진하는 것을 목표로 했다. 대약진운동은 지나치게 과도한 목표 설정과 무리한 생산 계획으로 인해 실패로 돌아갔다. 대약진운동으로 인해 수많은 농민이 굶어 죽고, 공업 생산력은 오히려 떨어졌다.

문화대혁명은 1966년부터 1976년까지 진행된 마오쩌둥의 주도하에 이루어진 정치운동이다. 문화대혁명은 중국의 전통문화를 부정하고, 마오쩌둥의 사상을 확산시키는 것을 목표로 했다. 그러나 문화대혁명은 정치적 혼란과 사회적 갈등을 야기했다. 문화대혁명으로 인해 많은 사람이 고문과 탄압을 받았으며, 수많은 사람이 죽임을 당했다. 그뿐만 아니라 문화대혁명으로 인해 많은 사람이 노동력을 제공하지 못하게 되었다. 문화대혁명으로 인해 학교와 공장 등이 폐쇄되었고, 많은 사람이 정치 운동에 참여해야 했다. 이러한 이유로 인해 생산력이 크게 저하되었다.

더욱이 1976년 마오쩌둥의 사망 이후, 중국은 정치적 혼란에 빠졌다. 마오쩌둥의 사망 이후, 중국공산당 내부에서는 마오쩌둥의 계승자를 둘러싼 권력투쟁이 벌어졌다. 이러한 권력투쟁은 중국 사회에 불안과 혼란을 초래했다. 덩샤오핑은 이러한 혼란을 수습하고, 중국 사회를 안정시키기 위해 경제개혁을 추진하고자 하였다.

1978년 중국의 경제 규모는 1조 달러, 1인당 GDP는 250달러에 불과했다. 이는 당시 세계 평균의 1/10 수준에 불과했다. 또한, 농업 생산성과 산업 생산력이 낮아서, 국민들의 생활 수준이 매우 열악했다. 따라서 덩샤오핑은 경제개혁을 통해 중국 사회의 안정을 도모하고, 국민들의 지지를 확보하기를 원했다.

더욱이 1980년대 초, 세계 경제는 급속하게 변화하고 있었다. 시장경제가 확산되고, 기술이 급격하게 발달되면서, 중국도 세계 경제에 동참해야 할 필요성이 커졌다.

이처럼 중국은 당시 세계에서 가장 가난한 나라 중의 하나였으며, 세계 경제에서 소외되어 있었다. 덩샤오핑은 경제개혁을 통해 중국을 세계 경제의 주요 주자로 만들고자 했다.

이러한 배경으로 인해 덩샤오핑은 중국 경제를 계획경제에서 시장경제로 전환하는 개혁을 추진하게 되었다.

## 02. 계획경제 체제의 개혁

중국의 계획경제는 1949년 중국공산당의 집권 이후부터 1978년 덩샤오핑의 경제개혁 이전까지 시행된 경제 체제다. 중국의 계획경제는 중국공산당의 지도하에 계획과 지침에 따라 국가의 경제 활동을 조직하는 경제 체제를 의미한다. 계획경제는 중앙 정부가 경제의 모든 부분을 통제하는 경제 체제로, 중국에서는 사회주의 시장경제라고 불렸다.

중국의 계획경제에서는 중앙 정부가 국가의 생산 수단과 자원을 소유하며, 중앙에서 5년 계획 등의 계획을 수립한다. 이러한 계획은 국가의 경제적 발전 방향, 생산 목표, 자원 할당 등을 규정한다. 그리고 계획경제에서는 국가가 핵심 산업과 자원을 국유화하여 통제하고, 중앙에서 각 지역 및 기업의 활동을 지시한다. 이는 자원의 효율적인 사용과 균형 있는 국가 발전을 목표로 한다. 또한 중앙 정부는 각 산업 및 지역에 대한 생산 목표를 설정하고, 자원을 할당한다.

중국의 계획경제는 자원의 효율적인 할당과 사용을 어렵게 하고, 중앙집권적인 결정 체계로 인해 시장 메커니즘이 충분히 활용되지 못하였으며, 생산성과 효율성이 저하되어 중국의 경제는 갈수록 침체되었다.

이러한 경제 체제를 전환하기 위하여 1975년 12월 5일 덩샤오핑은 중국공산당 중앙위원회 업무회의 폐막식에서 후차오무(胡乔木), 위 광위안(于光远) 및 린 젠칭(林涧青)[1]과 논의했다. 중국공산당 중앙위원회 업무회의의 연설 내용은 다음과 같다.

"우리가 지금처럼 계획경제 체제로 국가를 운영하면 4대 현대화(농업 현대화, 공업 현대화, 국방 현대화, 과학기술 현대화)에 희망이 없다. 경제민주주의를 구현하고, 경제적인 방법으로 경제를 관리하고, 사람들에게 책임을 할당하고 그들이 의무와 책임을 갖도록 보장하지 않으면 우리의 경제를 키울 수 없다."

이는 계획경제 체제로는 더 이상의 경제 발전을 기대하기 어렵기 때문에 시장경제 체제로 전환해야 한다는 것이다.

12월 13일, 덩샤오핑은 중국공산당 중앙위원회 업무회의 폐막식에서 '마음을 해방하고, 사실에서 진실을 구하며, 단결하고 기대하라'라는 제목으로 다음과 같이 연설했다.

"우리에게는 경제 발전이 필요하다. 빈곤과 낙후성을 극복할 수 없다면 국제 선진 국가들을 따라잡을 수도 없고 능가할 수도 없을 것이다."

12월 18일 전체 회의가 징시 호텔(京西宾馆)에서 열렸다. 이 회

---

1 복건성 롄장 출신으로 중국공산당 복건연강특별부 서기 등을 지냈으며, 1938년 9월 중국공산당에 입당했다. 1945년부터 1948년까지 홍콩의 『자유세계』, 『자유시리즈』, 『중국 비즈니스 뉴스』, 『국제전망』 특집호, 생활·독서·신지식 삼련서점의 편집장을 역임했다. 문화대혁명이 시작될 때까지 그는 중국공산당 중앙위원회 선전부와 과학부의 주임과 부주임을 역임했다. 중앙위원회 총판부 연구판 주임, 중국공산당 중앙비서처 연구실 부주임, 전국인민대표대회 공동대표, 중앙위원회 후보위원으로도 활동하였다.

의에서 덩샤오핑은 계급 투쟁에 기초한 마오쩌둥의 정치 노선을 정면적으로 비판하고, 국가 사업의 초점을 경제 건설로 전환했다. 덩샤오핑은 마오쩌둥의 '모든 것을 전복'하는 조직 노선을 부정하고, 문화대혁명과 신념을 바꾸는 우경화 경향에 반대하였다.

1976년 천안문사태의 허위 및 잘못으로 유죄 판결을 받은 사건을 바로 잡고, 정치적으로 마오쩌둥을 부인했던 덩샤오핑의 실수를 인정하면서도 1976년에 수립된 계획경제 체제를 개혁하기 시작했다.

마오쩌둥 시대, 당시 덩샤오핑은 완전한 경제개혁 계획을 세우지 않았으나 앞으로 10년 넘게 유지될 안전한 경제개혁 계획을 세워 실천했다. 12월 25일 정치국 회의에서는 왕둥싱 직속의 중앙위원회 서기처를 대신해 공산당 중앙위원회 일상 업무를 처리하는 중앙비서처를 설치하기로 결정했다. 그리고 후야오방(胡耀邦)을 중국공산당 중앙위원회의 서기장으로 임명했다. 덩샤오핑은 회의에서 '혼돈으로부터 질서를 되찾는다'는 목표를 제시하고 금세기 말까지 샤오캉사회(小康社會)를 달성하는 수준의 목표로 제시했다. 샤오캉사회는 중국의 사회주의 경제 발전이 특정 단계에 이를 때의 사회 발전 수준을 의미하는 용어로서 국민 생활의 질이 높아지고 의식주가 풍족한 사회, 즉 국민의 대다수가 중산층 정도의 생활 수준을 유지하는 사회를 가리킨다.

샤오캉은 작을 소(小)와 편안 강(康)의 조합으로서 '어느 정도 안정된 상태에 이르다'를 의미하며, 중국의 주나라(周) 때부터 이미 기록되어 있는 표현이다.

11기 중앙위원회 3차 전체 회의는 화궈펑의 과도기가 끝나고 덩샤오핑의 개혁개방 시대가 시작되었음을 알렸기에 그 역사적 의미가 크다. 이번 회의에서 천윈(陳雲), 덩잉초(鄧節越), 호야오방(胡藝房), 왕진(王眞)이 중국공산당 중앙정치국에 입성하였고, 천윈(陳雲)이 중국공산당 중앙 부주석으로 추천되었다. 덩샤오핑은 나중에 "화궈펑은 세대가 아니라 단지 전환일 뿐이다. 그에게는 독립적인 것이 없고 단지 무엇이든 두 가지(우리는 마오 주석의 모든 결정을 단호히 지지하고 마오 주석의 모든 지시를 확고히 따를 것이다.)가 있을 뿐이다."라고 말했다.

## 03. 근대화 추진

이때부터 덩샤오핑은 실용주의 노선에 입각하여 과감한 개혁 조치들을 단행하였다. 덩샤오핑은 중국 정계의 최고실권자로서 1978년 '4대 근대화'(농업의 근대화, 공업의 근대화, 과학기술의 근대화, 국방의 근대화)로 대표되는 개혁개방 정책을 발표·추진하여 기업가와 농민의 이윤 보장, 지방 분권적 경제 운영, 엘리트 양성, 외국인 투자 허용 등으로 중국 경제가 크게 성장하는 단초를 마련하였다.

덩샤오핑이 자신의 권력을 확고히 다지던 무렵, 중국의 가장 큰 문제는 농업 부문의 전근대화 및 문화대혁명과 하방 정책의 부작용으로 인한 농촌 지역의 인력과잉이었고, 생산성 또한 저조해서 상당량의 식량을 외국에서 수입해야 했으며 그나마도 배급제로 운영되었다.

배급제의 특성상 식량이 풍족하게 배급되지 않았기에 불편한 점이 이만저만이 아니었다. 또한 당시 중국의 인구 증가 속도를 생각하면 생산성 문제를 해결하지 않으면 더 많은 식량을 수입해야 했기 때문에 이로 인한 외화 낭비도 묵과할 수 없었다.

1980년대 초반에 농업개혁을 시행해서 결국 몇 년 내에 식량을 자급자족하는 데 성공한다. 중국은 광활한 영토를 가지고 있지만, 사막과 산악지대 등 사람이 살 수 없는 지역이 많고 도시화가 진행된 2020년과는 다르게 개혁개방이 막 시작되었을 때에는 중국 인구의 대부분이 농촌에서 주거했기 때문에 실제 1인당 경지 면적은 그다지 넓은 편이 아니었다.

이 과정에서 그는 중국공산당의 상징적 성과물인 중국농업인민공사(통칭 인민공사)에 의한 중앙 통제적 농업에서 과감하게 탈피하여, 가구별 의사결정에 따른 자율적 농업 및 잉여 농산물의 시장 판매를 허용하였다.

이는 그를 반대하는 강경파 공산주의자들의 반대에 부딪혔으나 카리스마와 그가 계획적으로 양성한 정치적 친위부대의 지원을 통해 이를 극복하였다.

시범 지역이었던 안후이성에서는 농업 생산량이 3년 만에 3배가 된 곳도 있었으며, 1981년에는 식량의 자급자족에 성공했다. 이를 통해 안후이성을 시찰한 중국 지도부가 '드디어 인민이 진심으로 행복해하고 있다'는 확신을 가지고 전국적으로 정책을 확대할 정도였다.

## 04. 경제개혁

덩샤오핑은 1978년 중국공산당 제11기 3중전회에서 주석으로 선출된 이후, 중국의 경제개혁을 추진하기 시작했다. 덩샤오핑은 중국을 계획경제에서 시장경제로 전환하고, 국제사회에 개방하는 것을 목표로 하였다. 덩샤오핑은 시장경제를 통해 중국 경제의 효율성을 높이고, 경제 성장을 촉진하고자 하였다.

원칙적으로 덩샤오핑은 완전한 시장경제 체제의 확대를 선호했고 실용적인 접근 방식을 기꺼이 채택했지만, 자신이 사회 유지에 대한 최종 책임자였기에 질서가 유지될 수 있을지 의심스러워 시장경제를 어느 정도 통제할 수 있도록 하였다.

덩샤오핑이 도입한 시장경제 체제는 다음과 같은 특징을 가지고 있다.

### 국유기업의 자율성 확대

덩샤오핑은 국유기업의 자율성을 확대하여 시장의 요구에 부응할 수 있도록 하였다. 국유기업들은 생산, 투자, 인사, 가격 등을 결정하는 데 더 큰 자율권을 갖게 되었다.

### 민간 기업의 설립 허용

덩샤오핑은 민간 기업의 설립을 허용하여 시장경제의 경쟁을 촉진하였다. 민간 기업들은 국유기업과 함께 중국 경제의 중요한 축으로 자리 잡게 되었다.

### 가격 자유화

덩샤오핑은 가격 자유화를 통해 시장의 기능을 강화하였다. 시장의 수요와 공급에 따라 가격이 결정되도록 하였다.

### 투자 자유화

덩샤오핑은 투자 자유화를 통해 시장의 자원을 효율적으로 배분하도록 하였다. 기업들은 시장의 수요에 따라 투자를 결정할 수 있게 되었다.

### 수출입 자유화

덩샤오핑은 수출입 자유화를 통해 중국 경제를 세계 경제에 개방하였다. 중국 기업들은 수출입을 자유롭게 할 수 있게 되었다.

덩샤오핑이 도입한 시장경제 체제는 중국 경제의 급속한 성장을 이끌었다. 1978년부터 2022년까지 중국의 GDP는 약 20배 증가했고, 중국은 세계에서 두 번째로 큰 경제 대국으로 부상했다.

덩샤오핑의 시장경제 체제는 중국의 경제 발전에서 중요한 역할을 하였다. 시장경제는 중국 경제의 효율성을 높이고, 경제 성장을 촉진하는 역할을 하였다.

## 05. 농업개혁

덩샤오핑이 추진한 경제개혁의 주요 내용은 다음과 같다.

### 농업개혁

덩샤오핑은 농산물의 생산과 판매를 자유화하는 정책을 추진했다. 이로써 농민들은 시장의 수요에 따라 농산물을 생산하고 판매할 수 있게 되었다.

이러한 개혁으로 인해 중국의 농업 생산성은 크게 향상되었다. 1978년 중국의 농업 생산량은 3.3억 톤이었지만, 2022년에는 7.6억 톤으로 증가했다. 또한, 농민들의 소득도 크게 증가하여 농민들의 생활 수준이 크게 개선되었다.

### 농업 생산성 향상

덩샤오핑이 고안한 농업 생산성 향상 방안을 위하여 먼저 농촌에서 공동생산 도급책임제[2]를 시행했다. 생산량에 소득을 연결하는 공동생산 도급책임제는 농가가 집단경제조직과 계약을 맺을 수

---

2 중국 농민들이 창안한 이 제도는 1980년대 초 중국 본토에 대한 효과적인 개혁 조치로 채택되었다. 농촌 경제구조 개혁의 결과인 이는 중국 농촌 토지 시스템의 전환점이 되었다. 농업 생산량 할당량을 가계별로 고정하는 것을 기본 원칙으로 하는 농촌개혁은 중국 내부 개혁 캠페인의 첫 번째 단계였다.

있도록 하여 생산 수단은 여전히 집단에 속하지만, 농업 자체는 집단에 속하게 했다.

원래 '인민공사'에 속했던 토지를 수천 명의 농민에게 분배해 계약을 맺었다. 농촌경제의 성장, 도시 및 농촌 문제 해결을 위한 농촌 개혁은 1979년에 시작되었는데, 이는 농촌 경제 형태의 근본적인 변화, 즉 '명령 경제'에서 '계약 제도'에 기반한 경제로의 변화에 반영되었다. 중국공산당은 정책의 중심을 계급 투쟁이 아닌 경제 건설에 두도록 하였다.

농업 생산성 향상과 농민 소득 증가로 인해 농촌경제는 크게 발전하였다. 농촌 지역의 생활 수준은 크게 향상되었고, 농촌 지역의 산업화가 이루어졌다.

덩샤오핑의 농촌 경제 발전 정책은 중국 경제의 발전에 크게 기여하였다. 농업 생산성 향상과 농민의 소득 증가는 중국 경제의 성장을 견인하는 역할을 하였다.

## 06. 대외 개방

경제개혁 정책으로 내부적으로 식량 문제가 어느 정도 해결되자, 덩샤오핑은 눈을 바깥으로 돌린다. 덩샤오핑은 중국의 경제개혁과 함께 대외 개방 정책을 추진하였다. 덩샤오핑은 대외 개방을 통해 중국 경제를 세계 경제에 통합하고, 경제 성장을 촉진하고자 하였다.

이를 위하여 덩샤오핑은 중국의 대외 개방을 주창했고, 11기 중앙위원회 3차 전체 회의 이후 중국공산당 중앙위원회는 광둥성과 푸젠성에서 해외 자본 유치를 위한 '특별 정책과 유연한 조치'를 시행할 것을 제안했다. 덩샤오핑의 대외 개방 정책은 다음과 같은 내용을 담고 있다.

### 수출입 자유화

덩샤오핑은 수출입 자유화를 통해 중국 경제를 세계 경제에 개방하였다. 중국 기업들은 자유롭게 수출입을 할 수 있게 되었다. 그리고 덩샤오핑은 수출입 규제를 완화하여 기업들의 수출입 활동을 자유화하였다. 예를 들어, 중국 정부는 수출입 품목을 확대하고, 수출입 절차를 간소화하였다.

### 외국인 투자 유치

덩샤오핑은 '기초적인 생산과 공업'을 육성코자 하였으나, 이를 내부적으로 추진할 생산 수단이나 자금이 없었다. 그래서 그는 이를 서방의 여러 국가로부터 들여오기로 결정하고, 사전 단계로서 미국과 전격 수교하였다. 이후 덩샤오핑은 외국인 투자를 유치하여 중국 경제에 외국의 자본과 기술을 도입하였다. 외국인 투자는 중국 경제의 발전에 중요한 역할을 하였다.

덩샤오핑은 외국인 투자를 유치하기 위하여 경제특구를 설립하여 외국인 투자를 유치하였다. 경제특구는 외국인 투자 기업에 세금 감면, 규제 완화 등의 특혜를 제공하였다. 대표적으로 상하이 자유무역구는 1990년 중국 최초의 경제특구로 설립되었다. 상하이 자유무역구는 외국인 투자 기업에 대한 세금 감면, 규제 완화 등의 특혜를 제공하여 많은 외국인 기업의 투자를 유치하였다.

덩샤오핑은 외국인 투자 기업의 투자 환경을 개선하기 위해 다양한 정책을 시행하였다. 예를 들어, 중국 정부는 외국인 투자 기업에 대한 세금을 감면하고, 금융 지원, 인프라 지원 등을 제공하였다.

덩샤오핑의 외국인 투자 유치 정책은 중국 제조업의 경쟁력 강화에도 기여하였다. 외국인 투자 기업들은 중국에 진출하여 중국 기업들에 기술과 경영 노하우를 전수하였다. 이는 중국 기업들의 경쟁력 강화에 기여하였다.

**무역 협정 체결**

덩샤오핑은 세계 각국과 무역 협정을 체결하여 중국의 대외 무역을 확대하였다. 덩샤오핑이 체결한 주요 무역 협정은 다음과 같다.

1979년에는 미국과 10년간 교역 확대 협정을 체결하여 중국의 섬유 수출을 확대하는 데 기여하였다. 또한, 미국의 기술과 투자를 유치하는 데에도 기여하였다.

1982년에는 일본과 10년간 교역 확대 협정 체결하여 중국의 기계 수입을 확대하는 데 기여하였다. 또한, 일본의 기술과 투자를 유치하는 데에도 기여하였다.

1985년에는 유럽연합과 경제 기술 협력 협정을 체결하여 중국의 전자 제품 수출을 확대하는 데 기여하였다. 또한, 유럽연합의 기술과 투자를 유치하는 데에도 기여하였다.

1992년에는 세계무역기구(WTO)에 가입하여 중국의 대외 무역을 자유화하고, 세계 경제에서의 중국의 역할을 확대하는 데 기여하였다.

### 경제특구의 설립

덩샤오핑은 경제특구를 설립하여 외국인 투자를 유치하고, 대외 무역을 확대하였다. 경제특구는 중국의 대외 개방을 위한 전초 기지로 자리 잡았다.

덩샤오핑은 특별 경제 구역의 설립 외부 세계에 대한 개방을 지원했다. 1979년부터 1980년까지 중국공산당 중앙위원회는 광둥성 심천, 주하이, 산터우, 푸젠성 샤먼 등 4개 경제특구를 설립했으며, 중앙정부는 특별경제정책을 시험하기 위해 이 지역들을 활용하였다.

덩샤오핑은 홍콩과 인접해있고 광저우와도 그리 멀지는 않았지만, 당시 그저 시골 어촌 마을에 불과하던 선전을 경제특구로 개방했고, 선전의 성공을 확인한 후 총 20곳의 경제특구를 지정하였다. 이 지역들은 밀려드는 서방의 자금과 생산 기술, 시설을 활용하여 급속하게 성장하였고, 중국 전체에 성공과 부를 전시하는 표본으로 기능했다.

### 해외 투자의 확대

덩샤오핑은 해외 투자를 확대하여 중국의 경제력을 세계에 알리고, 중국 기업의 글로벌화를 추진하였다. 중국의 통신 기업인 화웨이는 덩샤오핑의 해외 투자 확대 정책에 따라 해외 투자를 적극적으로 확대하였다. 화웨이는 1997년에 해외 투자를 시작하여, 현재 전 세계 170여 개국에 진출하여 사업을 영위하고 있다. 화웨이의 해외 투자는 중국의 통신 기술을 세계에 알리는 데 크게 기여하였다.

중국 국영 석유 기업인 중국석유천연가스공사(CNPC)와 중국석유화공공사(Sinopec)는 덩샤오핑의 해외 투자 확대 정책에 따라 해외 투자를 적극적으로 확대하였다. 중국석유천연가스공사와 중국석유화공공사는 1990년대에 해외 투자를 시작하여, 현재 전 세계의 80여 개국에 진출하여 사업을 영위하고 있다. 중국석유천연가스공사와 중국석유화공공사의 해외 투자는 중국의 에너지 안보 강화에 기여하였다.

중국 제조 기업들도 덩샤오핑의 해외 투자 확대 정책에 따라 해외 투자를 적극적으로 확대하였다. 중국 제조 기업들은 2000년대에 해외 투자를 시작하여, 현재 전 세계 130여 개국에 진출하여 사업을 영위하고 있다. 중국 제조 기업의 해외 투자는 중국의 제조업 경쟁력 강화에 기여하였다.

덩샤오핑의 대외 개방 정책은 중국의 국제적 위상을 높이는 데에도 기여하였다. 중국은 대외 개방을 통해 세계 경제에서 중요한 역할을 하는 국가로 부상했다.

덩샤오핑의 대외 개방 정책은 중국 경제의 급속한 성장을 이끌었다. 1978년부터 2022년까지 중국의 무역 규모는 약 200배 확대되었고, 중국은 세계에서 두 번째로 큰 무역 대국으로 부상했다.

덩샤오핑의 대외 개방 정책은 중국의 경제 발전에 있어 중요한 역할을 하였다. 대외 개방은 중국 경제를 세계 경제에 통합시키고, 경제 성장을 촉진하는 역할을 하였다.

## 07. 3단계 경제 발전 전략

덩샤오핑은 '중국의 건축가'로서 중국의 기본 현대화를 실현하겠다는 구상을 제시한 적이 있다. 20세기 말까지 GDP를 다시 2배로 늘려 적당한 번영 수준에 도달하고, 21세기 중반까지 다시 4배로 늘려 적당한 번영 수준에 도달하는 것이다. 그는 계속해서 주재했으며 개혁개방의 전반적인 정책을 수립하고 중국의 국가 상황에 적합한 '3단계' 경제 발전 전략을 제안했다.

덩샤오핑은 중국의 경제개혁과 발전을 위해 다음과 같은 '3단계' 경제 발전 전략을 다음과 같이 제시하였다.

### 1단계: 온포(溫飽)

1단계는 1978년부터 1990년까지의 기간을 말한다. 이 단계의 목표는 중국 국민의 기본적인 생활을 보장하는 것이었다. 이를 위해 덩샤오핑은 농업개혁을 통해 농업 생산성을 높이고, 농민들의 소득을 증가시켰다. 또한, 공업 개혁을 통해 국유기업의 자율성을 확대하고, 민간 기업을 육성하였다.

### 2단계: 소강(小康)

2단계는 1990년부터 2000년까지의 기간을 말한다. 이 단계의 목표는 중국 국민의 생활 수준을 중산층 수준으로 끌어올리는 것이었다. 이를 위해 덩샤오핑은 시장경제 체제를 본격적으로 도입하고, 대외 개방을 확대하였다. 또한, 교육과 의료, 사회 보장 등의 분야에 투자하여 국민의 삶의 질을 향상하였다.

### 3단계: 현대화(現代化)

3단계는 2000년 이후의 기간을 말한다. 이 단계의 목표는 중국을 현대화된 사회주의 국가로 만드는 것이었다. 이를 위해 덩샤오핑은 과학 기술을 발달시키고, 환경 보호에 힘쓰는 등 중국의 사회 경제 발전을 위한 다양한 정책을 추진하였다.

이러한 '3단계' 경제 발전 전략은 당시 중국의 국가 상황에 적합한 것이었다. 1978년 당시의 중국은 계획경제 체제하에서 경제적으로 후진국에 속해 있었다. 덩샤오핑은 이러한 상황을 타개하기 위해 농업개혁과 공업개혁을 통해 경제 생산성을 높이고, 국민의 생활 수준을 향상하는 데 주력하였다. 또한, 대외 개방을 통해 외국의 자본과 기술을 도입하여 중국 경제의 발전을 가속화하였다.

덩샤오핑의 '3단계' 경제 발전 전략은 중국 경제의 급속한 성장을 이끌었다. 1978년부터 2022년까지 중국의 GDP는 약 20배 증가했고, 중국은 세계에서 두 번째로 큰 경제 대국으로 부상했다. 덩샤오핑의 경제개혁은 중국의 정치, 사회, 문화 등 모든 분야를 변화시켰으며, 중국 근대화의 기틀을 마련하였다.

1979년 중국-베트남전쟁 이후 군대 합리화 작업이 개혁 안건에 포함되었다. 3월 30일 덩샤오핑은 당의 이론작업 수련회에서 다음과 같이 연설했다.

 "우리는 자본주의 국가의 선진 기술과 우리에게 유익한 기타 것들을 계획적이고 선택적으로 도입해야 하지만 결코 자본주의 체제에서 배우거나 도입하지 않을 것이다. 우리는 온갖 추악하고 퇴폐적인 것들을 결코 배우거나 소개하지 않을 것이고 인민들, 특히 젊은이들에게는 자본주의 나라의 진보적이고 유익한 것은 반드시 소개해야 하며, 자본주의 나라의 반동적이고 퇴폐적인 것은 비판해야 한다. 민주주의가 없으면, 사회주의도 없고, 사회주의도 없고, 사회주의적 현대화도 없고, 사회주의가 발전할수록 민주주의도 발전한다."

 덩샤오핑은 이 연설을 통해 ① 사회주의의 길, ② 프롤레타리아 독재, ③ 공산당의 영도, ④ 마르크스-레닌주의와 마오쩌둥 사상의 네 가지 기본 원칙에 도전해서는 안 된다는 것을 분명히 했다.

 덩샤오핑은 10월 4일 중국공산당 중앙위원회가 소집한 성, 직할시, 자치구 제1서기 심포지엄에서 경제 문제에 대해 다음과 같이 연설했다. "현재뿐만 아니라 아마도 미래에도 정치적 문제를 최우선으로 생각할 것이다. 업무의 장기적인 초점은 경제 업무에 맞춰져야 한다. 정치는 4대 현대화를 말하며, 나중에는 중국식 현대화라고 한다. 4대 근대화의 목표는 공허한 말로는 달성될 수 없다. 해결책 이런 문제에 대해서는 좀 더 폭넓게 생각하고 정책을 좀 더 유연하게 해야 한다."

# 08. 흑묘백묘

흑묘백묘(黑猫白猫)는 중국어로 '검은 고양이든 흰 고양이든 쥐만 잘 잡으면 된다'는 뜻의 말이다. 중국의 제5대 중국공산당 중앙군사위원회 주석이었던 덩샤오핑이 제창한 개혁개방 정책의 중심 이론으로 경제 발전을 위해 이념이나 방법론에 구애받지 않고 성과를 우선시하자는 의미를 담고 있다.

덩샤오핑은 1978년 중국공산당 제11기 중앙위원회 제3차 전체회의에서 "검은 고양이든 흰 고양이든 쥐만 잘 잡으면 된다. 쥐를 잡는 데 효과가 있는 것이라면, 그것은 사회주의적인 것"이라는 말을 했다. 이 말은 중국의 경제 발전을 위해 자본주의적인 요소를 도입하는 개혁개방 정책을 추진하겠다는 덩샤오핑의 의지를 담고 있다.

흑묘백묘론은 중국의 경제 발전에 크게 기여했다. 중국은 흑묘백묘론을 바탕으로 경제특구를 설립하고, 외국 투자를 유치하는 등 다양한 개혁개방 정책을 추진했다. 그 결과, 중국은 세계에서 가장 빠른 경제 성장을 실현하고, 세계적인 경제 대국으로 부상했다.

그러나 흑묘백묘론은 중국의 정치개혁을 저지했다는 비판도 있다. 덩샤오핑은 개혁개방 정책을 추진하면서 정치개혁을 미루었다. 그 결과, 중국은 경제 발전은 이루었지만, 정치적으로는 여전히 독재체제를 유지하고 있다.

제4장

# 덩샤오핑의 정치개혁

## 01. 덩샤오핑의 정치개혁

덩샤오핑은 중국의 경제개혁과 함께 정치개혁도 추진하였다. 덩샤오핑은 정치개혁을 통해 사회주의 시장경제 체제의 정착, 정치적 안정과 발전, 국제사회에서의 중국의 위상 강화 등과 같은 목표를 달성하고자 하였다.

덩샤오핑의 정치개혁을 위하여 다음과 같은 정책들을 시행하였다.

### 당과 국가의 영도체제 개혁

덩샤오핑은 당과 국가의 영도체제를 개혁하여 사회주의 시장경제 체제를 정착시키고 정치적 안정과 발전을 이루고자 하였다. 덩샤오핑은 당과 국가의 영도체제를 개혁하기 위해 당과 국가의 권력 분리, 당의 권력 제한, 국가의 권력을 강화 등과 같은 조치를 하였다.

### 간부 인사제도의 개혁

덩샤오핑은 간부 인사제도를 개혁하여 능력주의를 도입하고 정치적 안정과 발전을 이루고자 하였다. 덩샤오핑은 간부 인사제도를 개혁하기 위해 간부 인사·선발 기준을 능력주의로 전환하고 간부 인사·임명 절차를 민주화하였으며, 원로 간부의 교체를 촉진하는 조치를 하였다.

### 민주적 정치제도 개혁

덩샤오핑은 민주적 정치제도를 개혁하여 국민의 참여를 확대하고 정치적 안정과 발전을 이루고자 하였다. 덩샤오핑은 민주적 정치제도를 개혁하기 위해 인민대표회의의 권한을 강화하고, 공청회, 토론회 등을 활성화하였으며, 언론, 출판, 집회의 자유 보장 등과 같은 조치를 하였다.

### 법치주의 확립

덩샤오핑은 법치주의를 확립하여 사회 질서를 확립하고 정치적 안정과 발전을 이루고자 하였다. 덩샤오핑은 법치주의를 확립하기 위해 헌법을 제정하고, 법률을 제정·개정·시행하였으며, 사법부의 독립을 보장하고, 법률을 준수하는 문화를 확산하는 조치를 하였다.

### 인권 보호

덩샤오핑은 인권을 보호하여 국민의 기본권을 보장하고 정치적 안정과 발전을 이루고자 하였다. 덩샤오핑은 인권을 보호하기 위해 체포, 구금, 재판 과정에서의 인권을 보장하고, 언론, 출판, 집회의 자유를 보장하며, 노동권, 교육권, 의료권 등을 보장하는 것과 같은 조치를 하였다.

덩샤오핑의 정치개혁은 중국의 경제개혁과 함께 중국의 발전에 중요한 역할을 하였다. 덩샤오핑의 정치개혁은 중국을 세계에서 두 번째로 큰 경제 대국으로 성장시키고, 국제사회에서 강대국으로 부상시키는 데 기여하였다. 그러나 덩샤오핑의 정치개혁은 다음과 같은 한계점도 지니고 있다.

덩샤오핑의 정치개혁은 여전히 사회주의 체제를 유지하는 것을 전제로 하였기 때문에 정치적 개혁이 미흡하다는 비판을 받고 있다. 덩샤오핑의 정치개혁에는 권력의 분산을 초래하여 정치적 불안정을 야기했다는 우려도 있었다.

덩샤오핑의 정치개혁은 중국의 정치 발전에 중요한 이정표를 세웠지만, 여전히 미완의 과제라는 평가를 받고 있다.

## 02. 정치개혁 과정

덩샤오핑의 정치개혁을 위하여 다음과 같은 노력을 하였다.

### 1982년 헌법 개정

1982년 헌법 개정은 당과 국가의 권력 분리를 명문화한 중요한 사건이다. 헌법 개정은 당과 국가의 권한을 구분하고, 당과 국가의 간부 인사 임명 절차를 분리하는 내용을 담고 있다.

### 1982년 당 규약의 개정

1982년 당 규약의 개정은 당의 정치 체제를 민주화하기 위한 조치다. 당 규약 개정은 당의 회의를 민주화하고, 당의 간부 인사제를 개혁하는 내용을 담고 있다.

### 1993년 국무원 개혁

1993년 국무원 개혁은 국가의 권력을 강화하기 위한 조치다. 국무원 개혁은 국무원의 권한을 강화하고, 정부의 행정력을 강화하는 내용을 담고 있다.

## 03. 임기제

덩샤오핑 이전의 중국은 국가주석의 임기가 제한되지 않았다. 마오쩌둥은 1949년부터 1976년까지 사망할 때까지 27년 동안 국가주석을 지냈다. 문화대혁명 당시 마오쩌둥의 장기 집권은 중국을 정치적 혼란 상태로 몰아넣었다.

덩샤오핑은 국가주석의 장기 집권을 방지하기 위해 임기제를 도입하였다. 모든 당직의 재임 기간을 최대 10년으로 제한하고, 65세 이후에는 새로운 당직에 취임하지 못하도록 명문화하였다. 이는 1인 독재와 원로들의 간섭을 배제하고 세대 교체를 원활하게 하기 위한 것이었다. 이에 따라 70~80대 원로들이 당을 좌지우지하거나 수십 년씩 제왕적 권력을 휘두르는 행태는 사라졌으며 시대의 변화에 빠르게 적응할 수 있게 되었다.

덩샤오핑의 임기제 도입은 국가주석의 장기 집권을 방지함으로써, 정치적 안정을 도모할 수 있었으며, 민주화의 기반을 마련하는 데 기여하였다. 중국 경제는 이러한 정치적 안정을 바탕으로, 빠르게 발전할 수 있었다.

그러나 덩샤오핑의 임기제 도입은 임기 제한을 없애고 국가주석직을 차지하려는 세력이 등장할 수 있다는 우려를 낳았으며, 그러한 세력은 권력을 집중하려는 경향을 보일 수 있다.

덩샤오핑은 스스로 국가주석직 임기제를 확립하고 그 임기를 지킨 후 공식 지위에서 물러나고 집단지도체제를 확립해 1인 지배체제로 굴러가던 중국공산당의 민주화에 기여했다고 평가받기도 한다.

그러나 국가주석직 임기제를 시스템으로 정착시키고 정치개혁을 완성하기 위해서는 법과 규정을 정립하여야 했는데 이는 현실적으로 어려운 일이었다. 특히 혁명원로들은 은퇴하고 영향력을 행사할 수 있었기에 예외적으로 불명확한 관례가 적용되었다. 혁명원로는 일반적으로 중국공산당의 창당 때부터 중화인민공화국의 건국 때까지 활동한 인물들로, 마오쩌둥, 저우언라이, 덩샤오핑, 리셴녠 등이 대표적이다.

혁명원로들은 문화대혁명 때 겪은 고초에 대한 보상을 받겠답시고 80대 후반이 되도록 권력을 놓지 않았으며, 덩샤오핑을 포함한 8인의 원로방이 공식 직함 없이 중국의 정치에 관여하여 사실상 통치했기 때문에 임기제는 규정일 뿐이란 반론도 있다.

더욱이 원로들의 자손들은 서로 결탁해 태자당을 형성하여 사회 문제를 일으키거나 부정부패를 저질러 어떻게 봐도 국가와 당이 민주화되었다고 평가할 수는 없다.

덩샤오핑의 임기제 도입은 중국의 정치 발전에서 중요한 역할을 하였다. 그러나 임기제 도입의 한계점을 극복하기 위해서는 지속적인 개혁이 필요하다.

덩샤오핑 사후 장쩌민과 후진타오는 모두 10년씩 집권하면서 임기제를 충실히 지켰다. 그러나 시진핑은 2018년 헌법 개정을 통해 국가주석의 임기 제한 규정을 폐지하여 2013년부터 중국의 국가주석으로 재임해오고 있다.

## 04. 집단지도체제

영도체제(領導體制)는 한 국가나 조직의 정치적·행정적·군사적 분야 등 모든 분야에서의 지도체제를 말한다. 영도체제는 국가의 정치적 안정과 발전, 국민의 복지 향상 등에 중요한 영향을 미치기 때문에, 국가의 중요한 정책 중 하나다.

영도체제는 크게 두 가지로 구분할 수 있다. 하나는 일당 통치체제로 한 정당이 국가의 모든 권력을 장악하는 체제다. 중국, 북한, 쿠바 등이 일당 통치체제를 채택하고 있다. 또 다른 하나는 다당제로 여러 정당이 경쟁하는 체제다. 미국, 영국, 프랑스 등이 다당제를 채택하고 있다.

덩샤오핑 이전의 중국은 마오쩌둥의 일인 통치체제였다. 마오쩌둥은 국가주석, 중국공산당 주석, 중앙군사위원회 주석 등 중국의 모든 주요 직책을 맡고 있었다. 마오쩌둥의 일인 통치체제는 문화대혁명으로 이어져 중국을 정치적 혼란으로 몰아넣었다.

덩샤오핑은 마오쩌둥의 일인 통치체제를 극복하기 위해 집단지도체제를 도입하였다. 집단지도체제는 여러 명의 지도자가 권력을 공유하는 체제다. 덩샤오핑은 집단지도체제를 통해 정치적 안정과 민주화를 도모하고자 하였다.

덩샤오핑은 집단지도체제를 도입하기 위해 다음과 같은 조치를 하였다.

덩샤오핑은 중국공산당의 최고 지도부인 정치국 상무위원회를 중심으로 한 집단지도체제를 구축하였다. 정치국 상무위원회는 중국공산당의 총서기, 국가주석, 총리, 부총리, 당 중앙군사위원회 주석 등 7명의 위원으로 구성되어 있다. 덩샤오핑은 정치국 상무위원회 위원들이 합의에 따라 국가의 주요 정책을 결정하도록 하였다.

덩샤오핑은 당과 국가의 권력을 분리하여 권력의 집중을 방지하고자 하였다. 헌법 개정을 통해 당과 국가의 권력 분리를 명문화하였다. 또한, 당의 간부 인사권을 국가로부터 분리하여, 당 내에서 간부 인사를 민주적으로 결정하도록 하였다.

덩샤오핑은 집단지도체제의 도입과 함께 정치적 개혁을 추진하였다. 헌법 개정을 통해 국민의 기본권을 보장하고, 인민대표대회의 권한을 강화하였다. 또한, 지방자치제를 도입하여, 지방의 자율권을 확대하였다.

덩샤오핑의 집단지도체제 도입은 마오쩌둥의 일인 통치체제를 종식하고, 정치적 안정을 도모하는 데 기여하였다. 그리고 권력의 집중을 방지하고, 민주화를 촉진하는 데 기여하였다.

그러나 덩샤오핑의 집단지도체제는 집단의 의사결정 지연을 초래할 수 있으며, 집단지도체제는 권력의 공백을 불러올 수 있다.

## 05. 엄타운동

덩샤오핑은 복권 이후 백화제방, 백가쟁명을 외치며 한동안은 표현의 자유를 인정하는 것처럼 보였으나, 4인방을 숙청하고 화궈펑을 허수아비로 만들어 버린 후에는 그 탈을 벗어 던졌다. 또 범죄 소탕, 부패 척결이란 명분하에 수많은 시민을 때려잡은 엄타(嚴打: 엄중 단속) 운동이 문제가 되었다. 엄타(嚴打)운동은 1983년에 시작한 공안 캠페인으로 3년 동안 지속되었으며 덩샤오핑의 지원을 받았다. 당시 중국 본토의 사법제도는 문화대혁명으로 인해 심각한 피해를 입었고, 중국 법률제도 재건의 초기 단계에서 엄타운동이 진행되었다.

법무위원회는 1983년 7월 덩샤오핑이 책임자들과 대화할 때 공안, 검찰, 법원이 공동으로 사건을 처리하는 제도를 마련했다. 그는 공안부 장관에게 범죄 행위를 엄중하게 단속하기 위한 캠페인을 조직할 것을 분명히 제안했고, 그 캠페인은 9월에 공식적으로 시작되었다. 이 과정에서 공안기관, 검찰, 법무부가 공동으로 사건을 처리하는 데 드는 조정 비용이 저렴했기 때문에 정법위원회도 중앙조정관 역할을 하여 3개 기관 간의 사건 처리 갈등을 조정했다. 사건을 공동으로 처리하는 현상은 곳곳에서 흔히 볼 수 있었다.

중국 공안부에 따르면 1980년 중국 전역에서 75만 건이 넘는 사건이 접수됐다. 1981년에는 89만 건이 넘는 사건이 접수되었는데 그중 주요 사건은 6만 7천 건이 넘었고, 1982년에 접수된 주요 사건은 74만 건이 넘었다.

1983년 9월부터 3년 5개월간 진행된 3대 강경대작전을 통해 각종 범죄 조직 19만 7천여 개를 적발하고, 범죄 조직원 87만 6천여 명을 수사하여 기소했다. 강경대작전을 통해 전국적으로 174만 7천 명이 체포되었고, 그중 2만 4천 명이 사형을 선고받았으며, 32만 1천 명이 노동교화형에 처해졌다. 이에 따라 사회 질서는 크게 개선되었다. 상하이, 톈진 등 전국의 많은 대도시와 중소도시에서 각급 공산당 간부의 자녀들이 체포되어 사형을 선고받기도 했다. 서민으로서의 범죄를 저지르고 있지만, 이로 인해 부당한 사건은 물론 위법행위도 많이 발생했다. 그 과정에서 도덕적 문제만으로 제재를 받는 사람도 있었고, 단속의 범죄학적 효과는 점차 상실되었다. 보안 문제로 인해 상당한 논란이 발생했다.

이처럼 덩샤오핑의 집권기는 법치주의, 인권과는 거리가 멀었다. 취지는 문혁 이후 흐트러진 공권력, 치안의 강화였으나, 문제는 반대 의미로 너무 강하다 보니 법과 처벌은 고대 진나라 이상으로 엄격했고 사법적 절차는 상당히 줄여버려 억울한 피해자들만 늘어나게 되었다는 것이다. 또 그런 와중에서도 권력층은 유유히 처벌을 빠져나가는 모습을 보여줘 민심이 흔들리게 되었다.

# 06. 문화대혁명의 청산

덩샤오핑은 마오쩌둥이 사망하자 "마오 주석은 공이 과보다 많다."라는 말로 마오쩌둥의 권위를 보호해 주는 척하면서도 실질적으로는 마오쩌둥을 계승한 문화대혁명을 다음과 같이 다음과 청산하였다.

### 당시의 지도자 처벌

덩샤오핑은 문화대혁명의 주도 세력인 마오쩌둥의 직계 인물들을 차례차례 제거하였다. 대표적으로 마오쩌둥의 부인 장칭을 포함한 3인방과 그의 측근들을 처벌하였다. 장칭은 반역죄로 처형되었으며, 그의 측근들도 중형을 선고받았다.

마오쩌둥이 사망한 후 문화대혁명 지지 세력에는 권위나 경력에서 덩샤오핑을 상대할 인물이 없었기 때문에 이는 아주 쉬운 일이었다. 대중이 문화대혁명을 비판하게 함으로써 그 사건에 정치적 책임을 지고 있던 사람들의 입지를 약화하고, 그 시기에 고통받았던 자신과 같은 사람들의 입지를 강화하였다.

### 피해를 입은 사람들에 대한 보상

덩샤오핑은 문화대혁명으로 피해를 입은 사람들에게 보상을 하였다. 피해자들의 명예를 회복시키고 경제적 지원을 제공하였다.

## 문화대혁명에 대한 평가 개정

덩샤오핑은 문화대혁명을 '10년 동안의 혼란'으로 규정하고, 마오쩌둥의 문화대혁명에 대한 평가를 개정했다. 마오쩌둥은 중국 공산주의 혁명의 영도자로서 평가받기는 하지만, 문화대혁명에 대한 책임에서는 자유롭지 못하게 되었다.

덩샤오핑은 분명 문화대혁명의 피해자로 이의 청산 절차를 밟았지만, 마오쩌둥을 격하하지는 않았다. 흐루쇼프는 자신의 전임자 스탈린을 격하하였지만, 블라디미르 레닌이라는 대체할 만한 인물이 있었다. 그러나 마오쩌둥은 중국공산당 입장에서는 대체할 수 없는 인물이었고 마오쩌둥 이외에 이름을 날린 이들도 어디까지나 마오쩌둥을 보좌하면서 그렇게 될 수 있었다.

이에 덩샤오핑은 문화대혁명으로 엄청난 피해를 당했지만 마오쩌둥을 굳이 격하하지는 않았다.

## 07. 천안문 6.4항쟁의 처리

덩샤오핑은 국가주석이나 당 총서기를 맡은 적이 없었지만, 중국군을 지배하는 권한을 가진 중앙군사위 주석 자리를 차지하고 있었고, 자신이 미는 이들을 요직에 앉혀 후일에 대비했다. 그래서 명목상의 국가 원수인 국가주석직에는 류덩군 시절부터 친구였던 원로 리셴녠을 앉히고, 행정부의 수장인 국무원 총리는 자오쯔양, 당 총서기는 후야오방이 맡았다. 자오쯔양이나 후야오방은 당시 후계자로 거론되고 있었다.

그러나 덩샤오핑은 무조건적인 서방화를 추구하지는 않았다. 이는 1989년 천안문 민주화운동에서 드러났다. 학생운동에서 비롯된 이때의 시위는 개혁파 후야오방의 명예 회복 요구로 시작하여 민주화운동으로 발전하지만, 덩샤오핑은 이 사태의 시위대를 난동꾼이라고 비난하며 유혈 진압을 단행했다. 한편, 당시 덩샤오핑을 포함한 중국 원로들이 이런 학생운동이나 대중운동에 대해 특히 콤플렉스를 보인 요인으로는, 민주화에 따른 중국공산당 실각에 대한 두려움, 이들이 문화대혁명의 시련을 겪은 당사자들이라는 점을 들 수 있다. 문화대혁명 역시 당시 홍위병이 주체가 된 학생운동으로부터 시작되었기 때문이다.

물론 홍위병의 실질적 배후는 언론을 통해 이들을 선동한 마오쩌둥 및 4인방이었지만, 어쨌든 그 주체는 각급 학교의 학생들이었으며, 당시 덩샤오핑의 진압 성명문이나 자오쯔양의 회고록에서도 이런 운동이 일파만파로 전개되어 제2의 문화대혁명 같은 혼란이 닥칠 것을 우려하고 있었음이 드러난다. 덩샤오핑을 비롯한 중국공산당의 다른 원로들은 문화대혁명 당시 시골로 끌려가서 삽질하며 처참한 꼴을 당한 경험이 있었기 때문에 이런 대중운동을 더욱더 불신하고 있었다. 그리하여 사태가 더 악화되기 전에 진압하자는 강경론이 당내에서 득세하게 되었다.

이에 동조하지 않은 사람들도 있었는데, 당시 덩샤오핑의 유력한 후계자로 거론되던 자오쯔양 총리는 덩샤오핑의 지시로 군의 투입이 결정되자 천안문 광장에 나타나 군중에게 "제가 너무 늦게 왔다. 군이 곧 투입될 것이니 빨리 해산해주십시오"라고 눈물로 호소했지만, 그곳에 모인 군중은 해산하지 않았고 탱크를 앞세운 군대에 진압되었다. 이때 진압 과정에서 수백~수천 명이 사망했다.

그리고 시위대에게 눈물로 호소했던 자오쯔양의 이러한 행동은 그가 시위대에 동조하는 것으로 비춰졌다. 때문에 덩샤오핑의 눈밖에 나서 후계 구도에서 완전히 탈락했고 모든 직위를 박탈당했을 뿐만 아니라 가택연금 상태에 놓이게 된다. 결국 자오쯔양은 권좌에서 축출당한 후 사망 할때까지 약 20년간을 가택연금 상태로 보냈는데, 그 와중에도 자신의 주장이 거의 옳았다고 믿었다.

어쨌든 이렇게 축출된 후야오방과 자오쯔양을 대신해 시위대에게 강경한 것으로 평가된 장쩌민을 당 총서기에 임명하는 등 권력

승계 작업은 계속 진행되었다. 또한 티베트인들의 반중 시위를 유혈 진압한 후진타오를 중앙당의 정치국 상무위원으로 발탁하였다. 1988년 리셴녠이 죽자 군부의 대표자인 양상쿤을 국가주석직에 앉혀 군부를 달랬다.

지금 중국에선 천안문 민주화운동을 총과 탱크로 진압한 것에 대한 비난은 3세대 지도부의 핵심이던, 국무원 총리 리펑이 다 받고 있는 것 같다. 이는 천안문 민주화운동 당시 리펑이 실제 계엄령을 선포·이행했기 때문이다. 그러나 당시 중국의 군권은 모두 당 중앙군사위 주석이었던 덩샤오핑이 장악하고 있었고, 장쩌민, 양상쿤과 같은 원로들이 실질적인 정책 결정을 내렸기 때문에 하수인에 불과한 리펑의 처지에선 좀 억울한 측면도 있다.

여기에 대해서는 개혁개방 정책에 불만을 품고 있었던 보수파들이 리펑의 뒤에 있었다는 주장도 있다. 오히려 천안문 군중에게 대피하라고 눈물로 호소한 자오쯔양과도 비교당하며, 당연히 '인민에게 총부리를 겨눈 자'와 같은 욕을 엄청나게 먹었지만, 장쩌민의 비호로 총리직은 유지할 수 있었다. 문화대혁명의 주범은 마오쩌둥이었지만, 정작 크게 비판받은 사람들은 4인방인 것과 비슷하다고 볼 수도 있다.

## 08. 정치개혁의 공과

덩샤오핑의 정치개혁은 중국의 정치 발전에서 중요한 역할을 하였다. 덩샤오핑의 정치개혁은 다음과 같은 공과로 평가할 수 있다.

### 정치적 안정

덩샤오핑의 정치개혁은 문화대혁명으로 인한 정치적 혼란을 종식하고, 정치적 안정을 도모하는 데 기여하였다. 덩샤오핑은 집단 지도체제를 도입하여, 마오쩌둥의 일인 통치체제를 종식하고, 권력의 집중을 방지하였다. 또한, 헌법 개정을 통해 국민의 기본권을 보장하고, 인민대표대회의 권한을 강화하여 민주화를 촉진하였다.

### 경제 발전

중국 경제는 정치적 안정을 바탕으로 빠르게 발전할 수 있었다. 덩샤오핑은 경제개혁을 통해, 중국 경제를 시장경제 체제로 전환하였고, 이는 중국 경제의 급속한 성장을 이끌었다.

### 국제사회에서의 위상 강화

덩샤오핑의 정치개혁은 중국의 국제사회에서의 위상 강화에 기여하였다. 중국은 경제 발전과 함께 국제사회에서 주요 국가로 부상할 수 있었다.

### 정치적 개혁의 미흡

덩샤오핑의 정치개혁은 여전히 사회주의 체제를 유지하는 것을 전제로 하였기 때문에, 정치적 개혁이 미흡하다는 비판을 받는다. 특히, 덩샤오핑의 정치개혁은 당의 권력을 제한하는 데 중점을 두었기 때문에, 국가의 권력은 여전히 강력하다는 비판을 받고 있다.

### 정치적 불안정

덩샤오핑의 정치개혁은 권력의 분산을 초래하여 정치적 불안정을 야기했다는 비판도 있었다. 특히, 덩샤오핑 이후 중국은 시진핑의 강력한 지도력하에 권력이 집중되는 경향을 보이고 있다.

덩샤오핑의 정치개혁은 중국의 정치 발전에 있어 중요한 이정표를 세웠지만, 여전히 미완의 과제라는 평가를 받고 있다. 중국의 정치는 앞으로도 덩샤오핑의 정치개혁을 바탕으로 하여, 지속적인 개혁을 통해 발전되어야 할 것이다.

제5장

# 덩샤오핑의 외교 관계

# 01. 덩샤오핑의 외교 정책

덩샤오핑은 1920년대 초에 시작된 혁명의 초기 단계에 참여해 프랑스에서 5년, 구소련에서 1년을 살았다. 이후 항일전쟁과 남북전쟁 당시 12년간 군의 고위장교로 복무했다. 그는 또한 3년 동안 중국 남서부 지역의 당 업무에 종사했으며 재정 업무도 처리했다.

덩샤오핑은 또한 중국 외교 문제의 사실상의 결정권자로서 2년을 포함해 10년 동안 총서기를 지냈다. 또한 덩샤오핑은 마오쩌둥과 저우언라이의 오른팔이었으며 그들의 정책에 정통했다.

덩샤오핑은 다른 세계 지도자들과 편안하게 소통할 수 있는 능력도 가지고 있었다. 세계 지도자들은 덩샤오핑이 함께 일할 수 있는 실용적인 문제 해결사라는 인상을 받았다. 덩샤오핑은 정치적 통찰력과 자신감, 대인 관계를 활용해 민감한 문제를 명확하고 단호하게 처리하는 능력을 갖추고 있었다.

그는 중국의 개혁개방을 주도한 인물로, 중국의 외교에도 큰 영향을 미쳤으며, 다음과 같은 외교 능력을 보여주었다.

## 현실주의 외교

덩샤오핑은 현실주의 외교를 추구하였다. 현실주의 외교는 국가의 이익을 최우선으로 하는 외교 정책이다. 덩샤오핑은 중국의 이익을 보호하기 위해 현실적인 외교 정책을 추진하였다.

### 개방과 협력

덩샤오핑은 개방과 협력을 통한 평화적 발전을 추구하였다. 덩샤오핑은 중국을 세계 경제에 개방하고, 국제사회와의 협력을 강화하였다. 이는 중국의 경제 발전과 국제사회에서의 위상 강화에 기여하였다.

### 유연한 외교

덩샤오핑은 유연한 외교를 추구하였다. 유연한 외교는 상황에 따라 적절한 정책을 취하는 외교 정책이다. 덩샤오핑은 국제 정세의 변화에 따라 유연하게 외교 정책을 조정하였고, 이는 중국의 외교적 입지를 강화하는 데 기여하였다.

### 중국의 국제사회에서의 위상 강화

덩샤오핑의 외교 정책은 중국의 국제사회에서의 위상 강화에 기여하였다. 중국은 경제를 발전시키고 국제사회에서 주요 국가로 부상할 수 있었다.

### 동아시아 지역의 평화와 안정

덩샤오핑은 동아시아 지역의 평화와 안정을 위해 노력하였다. 그는 남북한의 화해와 한중 수교를 추진하였고, 이는 동아시아 지역의 평화와 안정에 기여하였다.

덩샤오핑은 중국의 외교에서 중요한 역할을 하였으며, 덩샤오핑

의 외교 정책은 중국을 세계적인 강국으로 성장시키는 데 기여하
였다.

1979년 1월 29일 중국 지도자로는 처음으로 미국을 방문한 덩샤오핑

## 02. 소련과의 관계

1920년대 초반, 소련과 중국은 공산주의 이념을 공유하면서 우호 관계를 발전시켜 나갔다. 1949년 중국공산당의 승리 이후, 두 나라는 더욱 긴밀한 관계를 유지하게 되었다. 1950년에는 중소 동맹 조약을 체결하고, 경제·군사 분야에서의 협력을 확대하였다.

그러나 1950년대 후반부터 두 나라는 이념과 정책 차이로 인해 갈등을 빚었다. 특히, 1960년대에는 중소 분쟁으로 인해 두 나라의 관계는 최악의 상황으로 치달았다. 소련과의 관계는 이념 및 국제 정세의 문제로 인해 냉랭하였다. 이후 중소 영토 분쟁과 수정주의 논쟁으로 같은 공산주의 진영인데도 소련과는 오랫동안 격렬하게 대립하였다. 그 연원은 1920년대에 코민테른을 앞세운 소련의 과도한 간섭에 대한 마오쩌둥 등 비주류의 반발에서 찾아볼 수 있다.

덩샤오핑 이전의 중국과 소련은 중소 분쟁으로 인해 적대 관계에 있었다. 덩샤오핑은 이러한 상황을 개선하기 위해 노력하였고, 1989년 5월, 덩샤오핑은 소련의 미하일 고르바초프 총서기를 중국으로 초청하여 정상회담을 개최하였다. 이는 30년 만에 개최된 중소 정상회담으로, 중소 관계를 상당히 개선한, 기념비적인 사건으로 평가된다.

덩샤오핑과 고르바초프는 정상회담에서 중소 양국의 평화와 우호 관계 유지, 경제·문화·과학기술 분야에서의 협력 확대에 합의

하였다. 이로써 중소 관계의 개선은 중국의 외교적 입지를 강화하는 데 기여하였다. 중국은 소련과의 관계 개선을 통해 국제사회에서의 위상을 강화할 수 있었다. 또한, 중국은 소련과의 경제 협력을 통해 경제 발전에 기여할 수 있었다.

　1991년, 소련이 해체되면서 중국은 '독립적 외교 정책'을 추진하였다. 독립적 외교 정책은 다른 국가의 영향력 없이 자국의 이익을 추구하는 외교 정책이다. 이로써 중국은 독립적 외교 정책을 통해 국제 사회에서 자국의 영향력을 확대하게 되었다. 이는 결국 중국의 국제적 위상을 크게 강화하는 계기가 되었다. 이처럼 덩샤오핑의 소련과의 외교는 중국의 외교에 있어 중요한 이정표를 세웠다. 덩샤오핑의 독립적 외교 정책은 중국을 세계적인 강국으로 성장시키는 데 기여하였다.

덩샤오핑과 고르바초프

## 03. 미국과의 관계

덩샤오핑 이전의 중국은 미국과의 관계가 매우 경색되어 있었다. 마오쩌둥의 시대에 중국과 미국은 냉전의 양대 축으로서 대립 관계에 있었다. 덩샤오핑은 이러한 상황을 개선하기 위해 노력하였고, 1972년 미국의 리처드 닉슨 대통령의 중국 방문을 통해 대미 관계 개선의 물꼬를 텄다.

덩샤오핑과 닉슨은 정상회담에서 양국의 평화와 우호 관계 유지, 경제·문화·과학기술 분야에서의 협력 확대에 합의하였다.

미국과의 관계 개선은 중국의 국제사회에서의 위상 강화와 경제 발전에 기여하였다. 중국은 미국과의 관계 개선을 통해 국제사회에서의 위상을 강화할 수 있었다. 또한, 중국은 미국과의 경제 협력을 통해 경제 발전에 기여할 수 있었다.

대외적으로는 1978년 5월 21일 덩샤오핑이 미국 국가안보보좌관 즈비그뉴 브레진스키[1]와 회담했다. 브레진스키는 나중에 이렇게 말했다. "덩샤오핑은 즉시 나를 매료시켰다. 그는 기민하고 이해심

---

1    폴란드 출신의 미국의 정치학자다. 1973년 데이비드 록펠러와 함께 전 세계 파워엘리트들의 모임인 삼극위원회를 창립했다. 지미 카터 행정부에서 1977년부터 1981년까지 백악관 국가 안보 보좌관으로 재임했으며, 후에 그는 워싱턴 D. C.에 소재한 전략국제연구센터(CSIS)에서 많이 활동하였다. 버락 오바마 정부의 고문을 맡기도 했다. 그는 자신이 상세히 설명한 자신의 정치적 믿음과 목표는 물론 자신의 철학을 바탕으로 몇몇 책을 저술했다.

이 많고 유머 감각이 뛰어나며 확고하고 솔직했다."

즈비그뉴 브레진스키

　　미중 수교 과정은 1972년부터 진행되어 왔지만 1979년 1월 미국과 공식적으로 수교하였다. 이는 중국과 미국의 관계 개선의 결정적인 사건으로, 중국의 국제사회에서의 위상을 크게 강화하는 계기가 되었다.

　　1979년 9월에는 중국 지도자로서는 최초로 미국을 방문하여 강한 인상을 남겼다. 이 기간에 덩샤오핑은 NASA와 백악관을 방문하여 지미 카터 미국 대통령[2], 먼데일 부통령[3], 밴스 국무 장관[4] 등을 워싱턴서 만나 중미 관계 정상화에 관해 회담을 했다. 방문하는 동안 덩

---

2　1976년 대통령 선거에서 워터게이트 사건으로 수렁에 빠진 공화당을 꺾고 8년 만에 민주당 정권을 재창출한 인물로, 재임 도중 도덕주의 외교, 볼커 쿠데타라 불리는 연준의 초고금리 정책, 가정폭력청 및 연방 교육부 신설, 캠프 데이비드 협정 등 여러 업적을 남겼다. 하지만 재임 기간 내내 경제 지표가 좋지 않았고 주 이란 미국대사관 인질 사건에서의 미흡한 대응으로 지지율이 하락해 4년 만에 로널드 레이건에게 정권을 넘겨줬다.

3　미국의 정치인. 지미 카터 행정부에서 제42대 부통령을 지냈으며 1984년 미국 대통령 선거의 민주당 후보였다.

4　1977년 지미 카터 대통령 정부에서 국무장관이 되어 미국과 중화인민공화국 간의 외교 관계를 수립하는 데 주요 역할을 맡았고, 이집트와 이스라엘 간의 평화 조약을 협상하였으며 소련과의 2차 전략 무기 제한 협약을 체결하는 데 도움을 주었다. 그러나 1980년 이란에서 미국대사관 인질 사건이 발생했을 때 인질들을 구출하는 데 실패했다는 이유로 국무장관직을 사임하고 말았다.

지미 카터 미국 대통령 　　　　 먼데일 부통령 　　　　 밴스 국무 장관

샤오핑은 베트남에 대한 중국의 공격에 대한 그들의 태도를 테스트했다.

이때 카우보이 모자를 눌러쓰고 로데오 경기를 관람하는가 하면, 공식 석상에서 엘비스 프레슬리의 '러브 미 텐더(Love Me Tender)'를 열창하는 등 미국인에게 친근하게 다가가려는 모습을 보였다. 보잉사 등 미국 내의 주요 산업 시설을 돌아본 덩샤오핑과 중국 지도부는 큰 문화 충격과 경제 개발에 대한 강한 자극을 받았다.

## 04. 일본과의 관계

덩샤오핑 이전의 중국은 일본과의 관계가 매우 경색되어 있었다. 마오쩌둥의 시대에 중국과 일본은 중일전쟁의 상처로 인해 적대 관계에 있었다. 덩샤오핑은 이러한 상황을 개선하기 위해 노력하였다.

그는 과거 일본의 침략이 중국에 큰 재앙을 초래했지만, 넓은 마음으로 용서하고 우정의 손길을 내밀고 싶어 했다. 화해의 정신으로 양국 국민이 평화와 우정의 새로운 시대에서 함께 살아갈 수 있기를 희망했다. 덩샤오핑은 10월 19일 일본에 도착했고, 10월 23일 후쿠다 다케오(福田赳夫)[5] 일본 총리와 함께 중일 평화우호조약의 비준 문서 교환식에 참석했다.

1978년 10월, 일본의 오히라 마사요시 총리는 중국을 방문하여 덩샤오핑 주석과의 정상회담을 개최하여 일본과의 관계 개선의 물꼬를 텄다. 이는 1949년 중국공산당의 승리 이후, 일본의 총리가 중국을 최초로 방문한 것으로, 중국과 일본 간의 관계를 상당히 개선한, 기념비적인 사건으로 평가된다.

———

5  군마현에서 태어나 도쿄대학을 졸업하였으며, 1952년 총선거에서 무소속으로 당선되었다. 그 후 1958년 당 정조회장에 취임하였고 이듬해 간사장이 되었다. 1976년 미키 다케오의 후임으로 제67대 일본의 총리가 되었다. 그가 총리로 재임하는 동안 일본의 경제 상황은 나빠졌으나, 외교적으로는 성공하였다. 일본의 군사 대국화 포기, 경제 원조 등을 약속하기도 하였다. 1978년 총리직을 사임했으며, 총리 재임 기간에 중국과 평화우호조약(중일 평화우호조약)을 체결하는 성과를 남겼다.

덩샤오핑과 오히라 총리는 정상회담에서 양국의 평화와 우호 관계 유지, 경제·문화·과학기술 분야에서의 협력 확대에 합의하였다.

일본과의 관계 개선은 중국의 국제사회에서의 위상 강화와 경제 발전에 기여하였다. 그러나 아직 중국과 일본은 중일전쟁의 상처로 인해 역사 문제에서 갈등을 빚고 있다. 따라서 덩샤오핑은 일본과의 관계 개선을 위해 역사 문제를 외면하는 정책을 취하였고, 이 때문에 중국 내에서 비판을 받기도 하였다.

또한 중국과 일본은 센카쿠 열도(중국명은 댜오위다오) 영유권 문제로 갈등을 빚고 있다. 덩샤오핑은 일본과의 관계 개선을 위해 영토 문제에서 타협하는 정책을 추구하였는데 이 때문에 자국 내에서 비판을 받기도 하였다.

후쿠다 다케오

## 05. 중국-베트남전쟁

중국-베트남전쟁은 1979년 2월 17일 중국과 베트남 사이에 일어난 전쟁이다. 제1차 인도차이나 전쟁, 흔히 베트남전쟁으로 불리는 제2차 인도차이나 전쟁과 구분하기 위해 제3차 인도차이나 전쟁으로 불리기도 한다.

전쟁의 발발 원인은 크게 두 가지로 나눌 수 있다. 첫째, 베트남의 캄보디아 침공에 대한 중국의 보복이다. 1978년 베트남은 캄보디아의 크메르루주 정권을 무너뜨리고 헹 삼린 정권을 수립했다. 중국은 크메르루주 정권을 지원했기 때문에 베트남의 캄보디아 침공을 도발로 간주하고 개전을 결정했다.

둘째, 중소 분쟁의 영향이다. 중국과 소련은 1960년대부터 냉전 구도 속에서 경쟁하고 있었다. 베트남은 소련의 지원을 받아 남베트남을 상대로 한 베트남전쟁을 승리로 이끌었다. 중국은 베트남이 소련의 영향력 아래에 들어갔다고 판단하고 이를 견제하기 위해 전쟁을 일으켰다.

1979년 2월 17일 덩샤오핑은 베트남 공격을 명령해서 중국-베트남전쟁이 발발했다. 중국군은 수적으로 열세였지만 베트남 북부 지역을 빠르게 공략해 베트남 북부 5개 성의 수도를 점령했다. 3월 6일 랑선(諒山)을 점령한 후, 중국은 즉각 승리를 선언했지만, 베트남군은 강력하게 저항했고, 중국군은 막대한 피해를 입었다.

결국, 중국은 1979년 3월 16일 전쟁을 종결하고 철수를 시작했다. 철수 과정에서 베트남의 기반 시설을 최대한 파괴했다. 하지만 전쟁의 결과는 양측 모두의 패배였다. 중국은 베트남의 침공을 억제하는 데 실패했고, 베트남은 국토의 일부를 잃고 큰 인명 피해를 입었다. 또한, 전쟁은 중소 분쟁을 더욱 악화시켰고, 냉전 구도에 혼란을 야기했다.

베트남 북부 5개 성의 수도를 점령한 중국군

## 06. 홍콩 반환에 관한 중영 협상

덩샤오핑은 홍콩, 마카오, 대만 문제에 대한 해결책으로 일국양제(一国两制) 개념을 제안했다. 일국양제는 덩샤오핑이 제안한, 중화인민공화국의 중화권 통일 정책이다. 중화인민공화국의 정치 체제인 공산주의 정치 체제 안에서 공산주의와 자본주의 경제 체제가 조건부로 공존하는 정치 제도다. 현재 분단국가인 중화민국에도 일국양제를 요구하고 있으나 중화민국은 이에 소극적으로 대응하고 있다.

중국공산당은 국가 발전의 과업을 달성하기 위해선 평화로운 국제환경 조성이 필수적이라고 인식했다. 따라서 주변국과의 영토 분쟁에서의 평화적인 해결 원칙을 천명하였고 양안 관계 문제에도 일국양제의 원칙을 제시하며 무력이 아닌 평화적 해결을 시도했던 것이 일국양제 개념의 시초다.

덩샤오핑은 1978년 12월 8일 홍콩 글로벌해운그룹의 파오위강(包玉剛)[6] 회장 등을 만나 "경제 건설은 우리의 능력 내에서 이루

---

6    글로벌해운그룹(Bengsen Global의 전신)의 창립자이자 세계 8대 해운왕 중의 한 명. 저장(浙江)성 닝보(寧波) 전하이(玄海)에서 태어났으며, 그의 아버지는 바오자오룽(寶趙龍)이다. 중국 북송의 재상인 포정(寶政)의 29대손으로서 1970년대와 1980년대 홍콩 최고의 부자이기도 했다. 1980년대 후반 중국에서 홍콩 특별행정구 기본법 초안위원회 부주임으로 임명되어 중화법의 제정 및 시행에 기여했다. 영국과의 공동선언문을 작성해 홍콩 주권의 원활한 반환을 도왔다.

어져야 하며 안정적이어야 한다."라고 말했다. 그리고 "홍콩 투자자의 이익에 영향을 미치지 않는 홍콩 반환 문제를 다루는 정책을 고려하고 있다."라고 하였다.

파오위강

1979년 3월 29일 덩샤오핑은 맥클레호스(MacLehose)[7] 홍콩 주지사를 만나 1997년 중국이 홍콩을 되찾은 후에도 홍콩은 여전히 자본주의에 참여할 수 있다는 점을 분명히 했다.

마가렛 대처[8] 영국 총리는 1982년 6월 말 포클랜드전쟁[9]에서 승리한 직후인 9월 22일 베이징에 도착했다. 9월 24일, 그녀는 베이징에서 덩샤오핑과 홍콩의

---

7 영국의 정치인, 외교관, 식민지 관리였으며 제25대 주지사를 지냈다. 1971년부터 1982년까지 4번 연속으로 주지사로 재임하였기에 식민지에서 가장 오랫동안 재임한 총독으로 기록되고 있다. 그는 이전에 중국 주재 영국문화원에서 근무했으며, 남베트남 주재 영국대사와 덴마크 주재 영국대사를 역임했다.

8 1979년부터 1990년까지 영국의 총리를 지낸 정치인이자, 영국 최초의 여성 보수당 당수다. 집권 후 긴축재정을 시행하였고, 물가 인상 억제, 소득세 감면, 소비세와 간접세 증가, 은행 금리와 이자율 인상, 정부 조직의 축소, 능력 중심의 성과 보상 제도 도입, 민간 기업의 업무 간소화 등을 추진하였다.

9 포클랜드전쟁은 1982년 4월 2일 아르헨티나가 영국령 포클랜드제도를 침공하면서 발발한 전쟁이다. 21세기 현대까지도 미사일시대로 대표되는 현대 해전, 공중전의 교과서적 사례로 평가된다. 특히 정규군 해군 간의 대규모 해전은 포클랜드전쟁 이후에는 없다.[2] 더불어 4차 중동전쟁과 함께 비핵보유국이 핵보유국을 상대로 선제공격을 한 전쟁이기도 하다

미래에 대한 논의를 시작했다. 그녀는 난징 조약, 베이징 조약, 1898년 '홍콩 경계 확장에 관한 특별 조약'에 따라 영국이 홍콩 섬과 구룡반도에 대한 주권을 누렸다고 주장했다. 그러나 덩샤오핑은 주권 문제에 대해서는 어떠한 타협도 없을 것임을 분명히 했다.

대처 총리는 중국을 떠나기 전에 BBC와의 인터뷰에서 "만약 서명국 중에서 한 나라가 기존 조약이나 협정에 대해 동의하지 않으며 이를 깨려고 한다고 말한다면 당신에게는 힘든 일이 될 것이다."라고 말했다.

맥클레호스         마거릿 대처         제프리 하우

12차 협상이 끝난 후 제프리 하우(Geoffrey Howe)[10] 영국 외무장관은 1984년 4월 18일 베이징으로 날아가 덩샤오핑과 2시간 동안 회담을 했다. 제프리 하우 외무장관은 베이징을 떠나 홍콩을 방문했을 때 정치적으로 민감한 홍콩인들이 오랫동안 알고 있던 사실을 처음으로 공개적으로 인정했다. 그리고 "1997년 이후에도

---

10    영국의 정치인으로 1989년 7월 24일부터 1990년 11월 1일까지 부총리를 지냈다.

영국이 홍콩을 계속 통치하도록 허용하는 합의에 도달하는 것은 비현실적이다."라고 말했다.

5월 25일 오전, 덩샤오핑은 인민대회당 동관에서 홍콩 마카오 정협 대표를 만나 중외 언론인들을 대상으로 기자회견을 열었다. 연회에서 덩샤오핑은 "홍콩에 대한 중앙 정부의 성명은 나와 자오쯔양의 공식적인 입장을 밝힌 것이다. 하지만 홍콩 주둔군은 말도 안 된다."라고 말했다.

9월 26일, 에반스 주중 영국대사와 저우난(周南) 중국 외교부 부부장이 최종 문서에 공식적으로 서명했다.

1984년 12월 18일 대처 여사는 베이징으로 날아갔고, 다음 날 간단한 행사에서 그녀와 자오쯔양은 양국 정부를 대표하여 각각 중영 공동 선언문에 서명했다.

1986년 4월 24일 덩샤오핑은 홍콩의 유명 인사들을 만났을 때 "홍콩인들을 위한 기본법이 상세하게 제정되어야 한다고 생각한다. 그러나 너무 상세하게 작성하는 것은 좋지 않다."라고 말했다. 자세할수록 통제하기 어려워지고, 무슨 일이 일어날지를 예측할 수 있기 때문이었다.

덩샤오핑은 1990년 1월 18일 홍콩 기업의 총수인 리카싱(李嘉誠)[11]을 만났을 때 "홍콩을 진정으로 안정시킬 수 있는 방법은 두 가지다. 첫째는 본토의 정책이 변하지 않는 것이고, 둘째는 중국

---

11　중국 광둥성에서 태어난 기업인으로, 홍콩 최대의 기업 집단인 CK 허치슨의 창시자다. 홍콩과 동아시아 전역에서 가장 부유한 인물이며, 세계적 부자 반열에 올라 있는 홍콩인 중의 한 사람이다.

리카싱                                            훠잉둥

자본이 더욱 강해지고 인재 추천 등 국가와 공감대가 형성되는 것"이라고 말했다.

유능한 인재만이 홍콩을 관리하여 홍콩의 상황을 안정시킬 수 있으며 애국심이란 중국 전체와 홍콩, 중국을 사랑하는 것을 의미하며 이 세력이 어떻게 결집되고 어떤 형태를 취하는지를 고려해야 한다. 2월 20일 덩샤오핑은 훠잉둥(霍英东)[12]을 만났을 때 다음과 같이 말했다.

"우리는 역사를 미래 세대에게 전해야 하며 모든 사람은 신념을 가져야 한다. 믿음이 없으면 우리는 단결할 수 없고 앞으로 나아갈 수 없으며 이것저것에 대해 불평만 할 것이다. 적어도 퇴폐적이다. 이것은 작동하지 않는다."

---

12    홍콩 재벌로 중국인민정치협상회의 전국위원회 부주석, 전국인민대표대회 상무위원회 위원 및 기타 정부의 주요 직책을 역임했다.

쓰촨성 광안현에 있는 덩샤오핑 공원

제6장

# 덩샤오핑의 사상과 철학

## 01. 덩샤오핑의 공산주의 사상

덩샤오핑은 1918년부터 1921년까지 프랑스에서 유학 생활을 하였다. 덩샤오핑은 유학 생활을 통해 공산주의 사상을 접하게 되었다. 그는 프랑스 공산당에 가입하였고, 공산주의 사상에 심취하게 되었다.

덩샤오핑은 중국으로 돌아와 1921년 중국공산당 창당에 참여하였고, 이후 중국공산당의 주요 인물로 활동하였다. 덩샤오핑은 마오쩌둥의 유일한 후계자로 지목되었고, 1978년부터 1992년까지 중국의 최고지도자로 활동하였다.

덩샤오핑은 공산주의자로서의 신념을 가지고 있었지만, 현실을 바탕으로 공산주의 사상을 수정하고 발전시켰다. 그는 실사구시를 공산주의 사상의 기본 원칙으로 삼고, 시장경제와 개방과 협력을 공산주의 사회의 발전에 필요한 수단으로 보았다. 이러한 덩샤오핑의 공산주의 사상은 중국의 개혁개방과 경제 발전에 중요한 역할을 하였다.

덩샤오핑의 공산주의와의 인연은 다음과 같이 요약할 수 있다.

### 공산주의자로서의 신념

덩샤오핑은 공산주의자로서의 신념을 가지고 있었다. 그는 "공산주의는 중국의 미래다"라고 말하였고, 공산주의 사회를 실현하기 위해 노력하였다.

## 공산주의 사상의 수정과 발전

덩샤오핑의 모습

덩샤오핑은 현실을 바탕으로 공산주의 사상을 수정하고 발전시
켰다. 그는 실사구시를 공산주의 사상의 기본 원칙으로 삼고, 시장
경제와 개방과 협력을 공산주의 사회의 발전에 필요한 수단으로
보았다.

1997년 9월 중국공산당 제15차 전국대표대회에서 덩샤오핑의
'중국특색 사회주의 건설' 이념을 확인하고 '덩샤오핑 이론은 마르
크스-레닌주의 기본 원칙과 현대 중국의 기본 원칙을 결합한 산

물'이라고 천명했다.

　이는 새로운 역사적 조건에서 마오쩌둥 사상의 계승과 발전은 중국 마르크스주의 발전의 새로운 단계이자 현대 중국 마르크스주의이며 인류 집단적 지혜의 결정체로 본 것이다.

## 02. 덩샤오핑의 공산주의 철학

덩샤오핑의 공산주의 철학은 중국의 발전에 있어 중요한 이정표를 세웠다. 덩샤오핑의 공산주의 철학은 오늘날에도 중국의 정치와 경제에 지대한 영향을 미치고 있다. 덩샤오핑의 공산주의 철학을 구체적으로 살펴보면 다음과 같다.

### 실사구시

덩샤오핑은 공산주의 철학을 현실에 맞게 수정하고 발전시켜야 한다고 주장하였다. 그는 "공산주의는 현실을 바탕으로 발전해야 한다"라고 말하였고, 실제로 공산주의 사상의 기본 원칙인 계급투쟁을 강조하는 대신, 민족 통일과 경제 발전을 강조하였다.

### 시장경제

덩샤오핑은 시장경제를 공산주의 사회의 발전에 필요한 수단으로 보았다. 그는 "시장경제는 생산력 발전의 필수 요건이다"라고 말하였고, 실제로 중국의 경제 발전을 위해 시장경제 체제를 도입하였다. 덩샤오핑은 '사회주의 시장경제'라는 용어를 사용하며, 공산주의 사회에서도 시장경제 체제를 도입할 수 있다고 주장하였다.

**개방과 협력**

덩샤오핑은 개방과 협력을 공산주의 사회의 발전에 필요한 원칙으로 보았다. 그는 "개방은 발전의 모터이고, 협력은 번영의 원천"이라는 말로 이러한 정책의 중요성을 강조하였다. 실제로 덩샤오핑은 중국을 세계 경제에 개방하고, 국제사회와의 협력을 확대하였다.

덩샤오핑의 공산주의 철학은 중국의 개혁개방과 경제 발전에 큰 영향을 미쳤다. 덩샤오핑의 공산주의 철학은 오늘날에도 중국의 정치와 경제에 중대한 영향을 미치고 있다.

## 03. 덩샤오핑의 성격

덩샤오핑은 다음과 같은 성격을 띠고 있었다.

### 낙관주의

덩샤오핑은 낙관주의적인 성격을 지니고 있었다. 그는 '모든 일은 잘될 것이다'라는 믿음을 가지고 있었고, 이러한 낙관주의는 그가 어려운 상황에서도 흔들리지 않고 자신의 정책을 추진하는 데 도움이 되었다.

### 현실주의

덩샤오핑은 현실주의적인 성격을 지니고 있었다. 그는 '현실을 있는 그대로 파악하고, 그에 맞는 정책을 추진해야 한다'고 믿고 있었고, 이러한 현실주의는 그가 공산주의 사상을 현실에 맞게 수정하고 발전시키는 데 도움이 되었다.

### 유연성

덩샤오핑은 유연한 성격을 지니고 있었다. 그는 '상황에 따라 정책을 유연하게 바꿀 수 있어야 한다'는 믿음을 가지고 있었고, 이러한 유연성은 그가 개혁개방이라는 어려운 정책을 성공적으로 추진하는 데 도움이 되었다.

### 실용주의

덩샤오핑은 실용주의적인 성격을 지니고 있었다. 그는 '무엇이든지 실용적이면 좋다'고 믿고 있었고, 이러한 실용주의는 그가 시장경제를 공산주의 사회에 도입하는 데 도움이 되었다.

### 결단력

덩샤오핑은 결단력 있는 성격을 지니고 있었다. 그는 '결단을 내리고, 그 결단을 실행하는 것이 중요하다'는 믿음을 가지고 있었고, 이러한 결단력은 그가 개혁개방이라는 어려운 정책을 추진하는 데 도움이 되었다.

덩샤오핑의 이러한 성격은 그가 중국의 개혁개방을 성공적으로 이끌고, 중국을 세계의 강대국으로 만드는 데 중요한 역할을 하였다.

## 04. 덩샤오핑의 리더십

마오쩌둥시대가 계급 투쟁과 대중운동을 바탕으로 한 1인 통치의 전체주의시대였다면, 덩샤오핑시대는 경제 발전과 사회 개방을 중심으로 하면서 여전히 인민의 리더십을 고수하는 통치시대라고 할 수 있다.

덩샤오핑은 중국의 개혁개방을 주도한 인물로, 그의 중국 지도자로서의 리더십은 다음과 같은 특징을 가지고 있다.

### 실사구시

덩샤오핑은 '실사구시'를 리더십의 기본 원칙으로 삼았다. 그는 '현실을 있는 그대로 파악하고, 그에 맞는 정책을 추진해야 한다'는 믿음을 가지고 있었고, 이러한 실사구시는 그가 중국의 현실에 맞는 개혁개방 정책을 추진하는 데 도움이 되었다.

### 유연성

덩샤오핑은 유연한 리더십을 가지고 있었다. 그는 '상황에 따라 정책을 유연하게 바꿀 수 있어야 한다'고 믿고 있었고, 이러한 유연성은 그가 개혁개방이라는 어려운 정책을 성공적으로 추진하는 데 도움이 되었다.

### 결단력

덩샤오핑은 결단력 있는 리더십을 가지고 있었다. 그는 '결단을 내리고, 그 결단을 실행하는 것이 중요하다'는 믿음을 가지고 있었고, 이러한 결단력은 그가 개혁개방이라는 어려운 정책을 추진하는 데 도움이 되었다.

### 통합력

덩샤오핑은 통합력 있는 리더십을 가지고 있었다. 그는 '당과 국가를 통합하여 발전을 이끌어 나가야 한다'고 믿고 있었고, 이러한 통합력은 그가 개혁개방이라는 어려운 정책을 추진하는 데 도움이 되었다.

덩샤오핑의 이러한 리더십은 그가 중국의 개혁개방을 성공적으로 이끌고, 중국을 세계의 강대국으로 만드는 데 중요한 역할을 하였다.

## 05. 덩샤오핑의 취미

덩샤오핑은 다음과 같은 취미를 가지고 있었다.

### 브리지

덩샤오핑은 브리지라는 카드 게임을 즐겼다. 그는 브리지에 매우 능숙하여, 중국 브리지협회의 명예 회장을 지내기도 하였다.

덩샤오핑은 사람들을 자신의 집으로 초대하여 일주일에 한두 번 브리지 게임을 하곤 했다. 덩샤오핑의 기술은 뛰어났고, 단단히 방어하였으며, 맹렬하게 공격하였다. 또한 그는 정확하게 소리쳤고, 꾸준히 싸울 수 있었으며, 품행은 장군과 같았다. 브릿지 세계 챔피언인 양 샤오옌은 "카드 테이블에서 덩샤오핑이 대단한 사람이라는 것을 느낄 수 있다. 그의 플레이 기술은 안정적이고 정확하다."라고 말했다. 녜웨이핑은 덩샤오핑이 118번 홀에서 자주 함께 플레이했다고 밝혔다

### 구기 종목 관람

덩샤오핑은 구기 종목을 즐겨 관람하였다. 특히 축구와 농구를 좋아하였고, 이 종목들의 발전에 많은 관심을 가지고 지원하였다.

덩샤오핑은 축구 팬이기도 했는데 그의 아내 주오 린은 인터뷰에서 덩샤오핑이 가장 좋아하는 것은 어린이와 축구라고 말한 적

이 있다. 그는 젊었을 때 프랑스에서 일과 공부를 병행할 때 식비를 아껴 게임 티켓을 샀다. 덩샤오핑은 또한 직원들에게 여가 시간에 즐길 수 있도록 중요한 축구 경기를 녹화해 달라고 요청했다. 1979년 덩샤오핑은 '축구는 어려서부터 시작해야 한다'는 슬로건을 내세우고 중국축구협회를 재조직하며 '아시아에서 탈출하라'는 목표를 제시했다. 덩샤오핑은 1977년 7월 30일에 세 번째 귀국하였는데 그 후 그는 국제 축구 초청 대회가 열렸던 베이징 노동자 경기장 갑자기 나타났다. 경기가 시작되기 전에 8만 명의 팬들이 일어나 그에게 박수를 보냈다.

### 독서

덩샤오핑은 독서를 좋아하였고, 다양한 분야의 책을 읽었다. 특히 중국 역사와 철학에 관심이 많았으며, 중국의 전통 문화를 계승하는 데에도 힘썼다. 덩샤오핑은 중국 철학의 지혜를 바탕으로 중국의 사회 발전을 이끌고자 하였다. 그는 『주역』과 『도덕경』을 즐겨 읽었다. 그리고 덩샤오핑은 외국의 역사와 문화를 이해하여 중국의 발전을 세계화의 흐름에 맞추고자 하였다. 그는 서양의 역사서와 중국 주변국의 역사서를 즐겨 읽었다.

### 산책

덩샤오핑은 산책을 즐겼다. 그는 하루에 1시간 이상 산책을 하며, 건강을 유지하고 스트레스를 해소하였다. 덩샤오핑이 산책을 하면 한 번에 3㎞ 정도 걸었다. 산책을 할 때는 말을 거의 하지 않

고 눈을 똑바로 바라보며 고개를 들고 가슴을 높이 들고 계속해서
앞으로 걸어갔다.

## 06. 명예와 기념

　덩샤오핑은 1978년과 1985년 두 차례에 걸쳐 타임지 올해의 인물로 선정되었다.

　1979년 이후 선전 경제특구의 개발에 대한 덩샤오핑의 계획과 기여를 기념하기 위해 1992년 6월 28일 선전시 푸텐구 리치공원의 남동쪽 입구에 덩샤오핑 초상화 첫 번째 버전이 세워졌다. 중국 여러 도시에서는 개혁개방이나 일국양제 정책을 강조하는 메시지를 담은 덩샤오핑의 대형 선전 포스터가 도시의 주요 도로나 랜드마크 건물의 근처에 나타나기까지 했다. 그의 동상은 2000년 11월 14일 선전시 복전구의 연화산 공원 광장에 세워졌다. 동상의 높이는 3.68m인 베이스를 제외하고 높이가 6m로 당당하게 앞으로 나아가는 덩샤오핑의 모습을 표현하고 있다. 많은 중국공산당 최고지도자가 이 동상을 방문했다.

　2001년 8월, 광안시는 덩샤오핑의 옛 거주지를 보호구로 지정했다. 광안시는 덩샤오핑의 위대한 업적을 깊이 기념하고 덩샤오핑의 인생 이야기를 세계에 알리기 위해 2001년 10월 보호구역 핵심 지역에 덩샤오핑의 고향 관광지 건설을 시작했다. 덩샤오핑의 고향 관광지는 부지면적 830에이커, 총투자액 1억 위안에 달하며 공원에는 산, 물, 연못, 숲, 정자, 도로가 통합되어 있다. 덩샤오핑 고거, 덩샤오핑 고거 전시실, 덩샤오핑 청동상 광장, 한린 안뜰, 신도 기념비, 덕정광장 등 관광 명소가 여기에 있다. 2003년 5월 1일, 덩샤오핑의 고향 관광지가 시범적으로 외부에 개방되었다. 2003년 10월 1일, 덩샤오핑의 고향 관광지가 공식적으로 개장되었다.

2004년 8월 13일, 덩샤오핑 탄생 100주년을 기념하기 위해 덩샤오핑의 고향 관광지인 쓰촨성 광안에 덩샤오핑 동상 광장과 덩샤오핑 고거 전시관이 건립되었다. 덩샤오핑 동상 광장에 있는 덩샤오핑 동상은 높이 2.5m, 무게 1.2톤으로, 기단은 흑사화강암으로 만들어졌으며, 전면에는 '덩샤오핑 청동상'이라는 다섯 글자가 새겨져 있다. 장쩌민. 이 주조 청동상은 남쪽을 바라보고 있으며, 덩샤오핑은 온화한 얼굴, 얇은 볼, 날카로운 눈매를 갖고 있다. 반소매 셔츠에 군용 캐주얼 바지를 입고 천 신발을 신은 채로 미소를

쓰촨성 광안현에 있는 덩샤오핑 공원에 있는 동상

지으며 의자에 앉아 바라보고 있다.

키르기스스탄의 수도인 비슈케크에는 왕복 6차선, 폭 25m, 길이 3.5km의 도로인 덩샤오핑 거리가 있다. 1997년 6월 18일에 완공되었다. 길의 동쪽 끝에는 2마일 길이의 붉은 화강암 기념비가 서 있는데 덩샤오핑을 기념하는 비문은 중국어, 러시아어, 키르기스어로 쓰여 있다.

중국 중앙 텔레비전은 1997년 1월에 '덩샤오핑'이라는 다큐멘터리를 방영했는데, 이 다큐멘터리는 덩샤오핑의 프랑스 유학 때부터 1993년 '남부 여행'까지의 삶을 이야기한다. CCTV는 2014년 덩샤오핑 탄생 110주년을 맞아 덩샤오핑을 기념하는 TV 시리즈 '역사의 전환기에 덩샤오핑'을 방영했다.

# 제7장

# 덩샤오핑에 대한 평가

마오쩌둥

마오쩌둥은 중화인민공화국의 혁명가, 정치인이다. 초대 중국공산당 중앙위원회 주석을 지냈다. 자는 룬즈, 융즈, 호는 쯔런이다. '마오쩌둥 사상'을 창시한 사상가로도 큰 족적을 남겼다.

논쟁의 여지가 있는 인물인 마오쩌둥은 20세기에서 가장 중요한 인물 중의 한 명으로 간주된다. 그는 정치인, 이론가, 군사 전략가, 시인으로도 알려져 있다. 마오쩌둥시대에 중국은 한국전쟁, 중소분쟁, 베트남전쟁, 크메르 루주의 부상에 휘말렸다. 그는 독재적이고 전체주의적인 정권을 통해 중국을 통치했으며 종교·문화 유물과 유적지의 파괴는 물론 대량 탄압에 대한 책임이 있다.

마오쩌둥은 중국공산당의 지도자로서 때때로 부하들에 대한 자신의 견해를 밝히고 그들의 인격과 능력을 평가하곤 했다. 마오쩌둥은 중국공산당의 많은 고위 간부에게 덩샤오핑을 무척 칭찬하는 말을 했고, 그 누구에게도 견줄 수 없을 정도로 높이 평가했다.

마오쩌둥이 주재한 한 회의에서 '현안과 기타'에 대한 보고를 할 때 덩샤오핑이 변증법에 따라 행동한 것을 칭찬하면서 다음과 같이 말했다.

"우리 당의 역사에는 한때가 있었다. **우리에게는 밝은 역사뿐만 아니라 어둠의 역사도 있었다.** 이것은 변증법의 영향이기 때문이기에 우리는 덩샤오핑 동지의 변증법 사상에 따라 행동해야 한다."

이는 당 고위 간부가 덩샤오핑의 변증법에 따라 행동하는 것은 사상적 방법과 작업 방법에 대한 극도로 높은 평가임을 알 수 있다. 마오쩌둥의 덩샤오핑의 변증법 사상에 대한 긍정적인 평가는 쉽지 않은 평가였다.

신중국의 건국 이후 덩샤오핑(鄧孝平)과 유보청(劉伯成)은 서남지방을 장악했고, 군사적 재능 외에도 강력한 정치적 재능을 더욱 과시했다. 마오쩌둥은 자연스럽게 그의 눈에서 이것을 보았고 마음속에 기억했다. 1951년 여름, 민주당원인 량수밍은 서남토지개혁 그룹에 가입하여 쓰촨에서 4개월 동안 살았다. 베이징으로 돌아온 마오쩌둥은 그를 중난하이로 데리고 가서 저녁을 먹으며 대화를 나눴는데 그때 쓰촨성의 농지개혁 상황에 대해 알게 되었다. 그는 마오쩌둥에게 이렇게 말했다.

"쓰촨은 매우 혼란스럽고 복잡한 곳이지만 해방 후 2년 만에 상황이 안정되었습니다." 이는 덩샤오핑과 유보청이 정치를 잘하고 있었다는 것을 보여준다. 그는 특히 덩샤오핑이 젊고 유능하며 인민들 사이에서 인기가 많다고 칭찬했다. 이 말을 듣고 마오쩌둥은 량수밍에게 다음과 같이 말했다. "량 선생님은 아주 정확하게 판단하고 있다. 덩샤오핑은 정치 문제나 군사 문제를 잘 해결하며 글을 매우 잘 쓴다."라고 하였다. 이 말을 통해 마오쩌둥은 덩샤오핑에게 훌륭한 정치가이자 군인이라는 명성을 안겨주었다.

1956년 9월 13일, 마오쩌둥은 중국공산당 제7기 7차 전체회의에서 덩샤오핑을 중국공산당 중앙 총서기로 임명할 것을 강력히 추천했다. 마오쩌둥은 덩샤오핑이 이 자리에 적합한 이유를 이야기하면서 그를 공정하고 친절하며 유능하고 일을 잘하는 사람, 전반적인 상황을 고려하며 자신에게 엄격한 사람이라고 칭찬했다. 그는 "내 생각에는 덩샤오핑이 더 공정한 사람이라고 생각한다. 그는 나와 똑같다. 단점이 없는 것은 아니지만 더 공정하다. 그는 더 많은 재능이 있고 일을 더 잘할 수 있다. 그는 더 사려 깊고, 더 잘할 수 있다"라고 말했다. 마오쩌둥은 또한 "이 사람은 상황을 더 배려하고, 더 친절하며, 문제를 처리하는 데 더 공정하다. 자기 자신에게 매우 엄격한 사람이다. 실수도 많이 한다"라며 "겁도 조금 나고, 당 내에서도 어려움을 겪었다"라고 말했다.

마오쩌둥은 덩샤오핑을 자신의 후계자로 지목한 인물이다. 하지만 그는 덩샤오핑의 개혁개방 정책에 대해 회의적인 시각을 가지고 있었다. 그러나 마오쩌둥은 덩샤오핑이 공산주의의 원칙을 훼손할 것이라고 우려했다.

마오쩌둥은 1978년 8월 18일, 덩샤오핑을 중국공산당 중앙위원회의 부주석으로 임명했다. 하지만 마오쩌둥은 덩샤오핑이 개혁개방 정책을 추진하려는 것을 막기 위해 노력했다. 마오쩌둥은 덩샤오핑을 견제하기 위해 장쩌민, 리펑 등 자신의 측근들을 중용했다.

마오쩌둥이 1976년 사망한 후, 덩샤오핑은 개혁개방 정책을 본격적으로 추진했다. 덩샤오핑은 계획경제 체제를 시장경제 체제로 전환하고, 외국 자본을 유치하는 등 중국 경제의 개혁을 추진했다.

마오쩌둥은 덩샤오핑의 개혁개방 정책에 대해 '중국을 망칠 것'이라고 비판했으며, "마르크스주의자도 아니고, 공산주의자도 아니다"라고 평가했다.

마오쩌둥은 덩샤오핑의 개혁개방 정책을 막기 위해 노력했지만, 덩샤오핑이 사망한 후에도 개혁개방 정책은 계속 추진되었다.

## 02. 저우언라이의 덩샤오핑에 대한 평가

저우언라이

1917년 일본으로 가서 와세다 대학, 호세이대학 등에서 수학하기도 하였으며 학위 취득에 실패한 후 톈진 난카이대학 재학 중 5.4운동에 참가해 투옥된 후 퇴학당하였고 1920년 프랑스로 건너가 파리대학에서 정치학을 공부하였다. 1922년 중국공산당 파리 지부를 창설했고 런던, 베를린, 모스크바를 거쳐 귀국하였다. 1920년대부터 중국공산당의 핵심이었고, 1949년 중화인민공화국 정권 수립 이후 죽을 때까지 초대 국무원 총리를 지냈으며 외교, 정치, 경제 등 다방면에 걸쳐 활동했다.

카리스마만큼 똘끼도 있던 마오쩌둥과는 달리 저우언라이는 학자 스타일로 국내외 문제에서도 꽤 유연한 사고를 보여줘 오늘날 중국에서도 높이 평가받는 정치인이다. 2인자로 평생을 마오쩌둥과 함께한 동지이자 파트너였기 때문에, 대중매체에서도 마오쩌둥과는 한 세트로 묶여서 나오는 경우가 많다.

저우언라이는 덩샤오핑과 함께 중국 현대사의 핵심 인물 중 한 명이다. 저우언라이는 마오쩌둥 정권의 2인자로서 중국공산당과 중국 정부의 주요 정책을 결정하는 데 중요한 역할을 했다. 덩샤오핑은 저우언라이의 신임을 얻고 그의 후계자로 지목되었다. 저우언라이는 덩샤오핑을 다음과 같이 평가했다.

"덩샤오핑은 실사구시의 원칙을 고수하고, 중국의 현실에 맞는 정책을 추진할 인물이다. 그는 중국을 부강하고 강대하게 만드는 데 기여할 것이다."

저우언라이는 덩샤오핑의 실용주의적 성향과 현실주의적 사고를 높이 평가했다. 저우언라이는 덩샤오핑이 중국의 현실을 잘 이해하고, 중국을 발전시키기 위한 올바른 정책을 추진할 것이라고 믿었다.

저우언라이의 덩샤오핑에 대한 평가는 훗날 덩샤오핑이 개혁개방 정책을 성공적으로 추진하는 데 중요한 역할을 했다. 저우언라이의 신임을 얻은 덩샤오핑은 마오쩌둥의 사망 이후 중국의 최고 지도자로 부상했고, 개혁개방 정책을 통해 중국을 세계적인 경제 강국으로 이끌었다.

저우언라이와 덩샤오핑은 중국 현대사의 두 거물 정치인으로, 두 사람의 우정과 협력은 중국의 발전에 크게 기여했다.

## 03. 후야오방의 덩샤오핑에 대한 평가

후야오방

중국의 정치인이자 중국공산당 최후의 당 주석[1]을 지낸 인물이다. 자오쯔양 등과 함께 20세기의 좌절된 중국 민주화를 상징하는 인물 중의 한 명으로, 후야오방은 국가 체제의 재정비와 국력 증강을 위해 덩샤오핑과 뜻을 함께하고 개방개혁을 추진했지만, 공산당 일당 통치라는 정치 체제의 개혁은 끝내 이루지 못하고 노환으로 사망했다.

후야오방은 덩샤오핑의 개혁개방 정책을 지지하고 적극적으로 추진한 인물이다. 후야오방은 1980년부터 1987년까지 중국공산당 중앙위원회 총서기를 지내면서 개혁개방 정책의 핵심 실무 책임자로 활동했다.

후야오방은 덩샤오핑을 다음과 같이 평가했다.

"덩샤오핑은 중국 현대사의 위대한 지도자다. 그는 중국을 부강하고 강대하게 만드는 데 결정적인 역할을 했다."

후야오방은 중국이 덩샤오핑의 개혁개방 정책을 통해 세계적인 경제 강국으로 부상한 것을 높이 샀다. 후야오방은 덩샤오핑이 중국의 현실을 잘 이해하고, 중국을 발전시키기 위한 올바른 정책을 추진한 위대한 지도자라고 평가했다.

후야오방의 덩샤오핑에 대한 평가는 다음과 같이 몇 가지로 요약할 수 있다.

첫째, 후야오방은 덩샤오핑을 중국 현대사의 위대한 지도자로 평가했다.

둘째, 후야오방은 덩샤오핑의 개혁개방 정책을 통해 중국이 세계적인 경제 강국으로 부상한 것을 높이 평가했다.

셋째, 후야오방은 덩샤오핑이 중국의 현실을 잘 이해하고, 중국을 발전시키기 위한 올바른 정책을 추진한 위대한 지도자라고 평가했다.

후야오방과 덩샤오핑은 중국 현대사의 핵심 인물로, 두 사람의 협력은 중국의 발전에 크게 기여했다.

## 04. 자오쯔양의 덩샤오핑에 대한 평가

자오쯔양

자오쯔양은 덩샤오핑의 개혁개방 정책을 지지했지만, 민주주의와 인권의 중요성을 강조한 인물이다. 자오쯔양은 1987년부터 1989년까지 중국공산당 중앙위원회 총서기를 지냈다. 1989년 천안문 사태로 실각되었으며, 그 후 1989년 7월 8일부터 16년간 가택연금을 당했고 베이징에서 지병으로 사망하였다,

자오쯔양은 덩샤오핑을 다음과 같이 평가했다.

"덩샤오핑은 중국 현대사의 위대한 지도자다. 그는 중국을 부강하고 강대하게 만드는 데 결정적인 역할을 했다. 하지만 그의 개혁개방 정책은 중국의 경제 발전에만 치중하고, 민주주의의 발전과 인권의 향상을 소홀히 했다."

자오쯔양은 중국이 덩샤오핑의 개혁개방 정책을 통해 세계적인 경제 강국으로 부상한 것을 높이 평가했다. 하지만 자오쯔양은 덩샤오핑이 민주주의와 인권의 중요성을 간과하고 있다고 비판했다.

특히, 1989년 천안문사태 당시 덩샤오핑이 학생 시위대를 무력 진압한 것을 강력하게 비판했다.

자오쯔양의 덩샤오핑에 대한 평가는 다음과 같이 요약할 수 있다.

자오쯔양은 덩샤오핑을 중국 현대사의 위대한 지도자로 평가했으며, 또한 덩샤오핑의 개혁개방 정책을 통해 중국이 세계적인 경제 강국으로 부상한 것을 높이 평가했다. 그러나 자오쯔양은 덩샤오핑이 민주주의와 인권의 중요성을 간과하고 있다고 비판했다.

자오쯔양과 덩샤오핑은 중국공산당 내의 대표적인 개혁파로, 두 사람의 협력은 중국의 발전에 크게 기여했다. 하지만 천안문사태 이후 두 사람의 관계는 악화되었고, 자오쯔양은 1989년 정치적 실각을 당했다.

## 05. 리펑의 덩샤오핑에 대한 평가

리펑

리펑은 덩샤오핑의 개혁개방 정책을 지지하고, 그와 함께 중국의 경제 성장과 사회 발전에 기여한 인물이다. 리펑은 1987년부터 1989년까지 중국의 총리를 지냈다. 리펑은 중공 총리를 지낸 중화인민공화국의 정치인이다. 천안문사태 때는 강경 진압을 이끌고 시위대를 무력으로 해산했다. 당시의 최고 권력자인 덩샤오핑을 설득하며 군대를 동원한 유혈 진압을 주장한 것이다.

리펑은 덩샤오핑의 지도력을 높이 평가했다. 리펑은 덩샤오핑이 중국의 경제 성장과 사회 발전을 위해 과감한 개혁을 추진했고 그의 지도력이 중국의 국제적 위상을 높이는 데도 기여했다고 평가했다.

특히, 리펑은 1989년 천안문사태의 진압을 주장한 인물이다. 리펑은 학생 시위가 중국의 정치개혁으로 이어질 것을 우려하여, 무력 진압을 통해 사태를 종식하는 데 앞장섰다.

리펑의 덩샤오핑에 대한 평가는 다음과 같이 요약할 수 있다.

덩샤오핑에 대한 긍정적인 평가로는 "중국을 현대화하는 데 결정적인 역할을 한 위대한 지도자로 그의 개혁개방 정책은 중국의 경제 성장과 사회 발전을 불러왔다"라고 하였다. 또한 "덩샤오핑의 지도력은 중국의 국제적 위상을 높이는 데 기여했다"라고 하였다.

리펑의 평가는 덩샤오핑의 지도력에 대한 중국 내의 일반적인 평가와 유사하다.

그러나 리펑은 덩샤오핑의 권위주의적 통치 방식에 대해서는 비판적인 견해를 보이기도 했다. 리펑은 덩샤오핑이 중국의 정치개혁을 추진하지 않고, 경제개혁에만 치중하고 있다고 비판했다. 또한, 리펑은 덩샤오핑 정권에서는 중국이 민주화로 나아가지 못할 것이라고 우려하기도 했다. 리펑의 이러한 우려는 천안문사태로 인해 현실이 되었다. 천안문사태는 중국의 민주화 동을 크게 저해하는 결과를 불러왔다.

## 06. 장쩌민의 덩샤오핑에 대한 평가

장쩌민

중화인민공화국의 제5대 주석이자 독재자. 1세대 마오쩌둥, 2세대 덩샤오핑 등에 이은 중국의 3세대 지도자로 분류된다. 장쩌민은 덩샤오핑의 개혁개방 정책을 계승하고 발전시킨 인물이다. 장쩌민은 1989년부터 2002년까지 중국의 국가주석을 지냈다.

장쩌민은 덩샤오핑을 다음과 같이 평가했다.

"덩샤오핑은 중국 현대사의 가장 위대한 지도자 중의 한 명이다. 그는 중국을 부강하고 강대하게 만드는 데 결정적인 역할을 했다. 그의 개혁개방 정책은 중국의 경제 성장과 사회 발전을 불러왔다. 그의 지도력은 중국의 국제적 위상을 높이는 데도 기여했다."

장쩌민은 덩샤오핑의 개혁개방 정책을 높이 평가했다. 장쩌민은 덩샤오핑이 중국의 경제 성장과 사회 발전을 위해 과감한 개혁을 추진했다고 평가했다. 또한, 장쩌민은 덩샤오핑의 지도력이 중국의 국제적 위상을 높이는 데 기여했다고 평가했다.

장쩌민의 덩샤오핑에 대해 "중국 현대사의 가장 위대한 지도자 중 한 명으로 중국을 부강하고 강대하게 만드는 데 결정적인 역할을 했다. 또한 그의 개혁개방 정책은 중국의 경제 성장과 사회 발전을 불러왔다. 그의 지도력은 중국의 국제적 위상을 높이는 데 기여했다."라고 평가하였다.

장쩌민의 평가는 덩샤오핑의 지도력에 대한 중국 내의 일반적인 평가를 잘 반영하고 있다.

그러나 장쩌민은 덩샤오핑의 권위주의적 통치 방식에 대해서는 비판적인 견해를 보였다. 장쩌민은 덩샤오핑의 지도력 아래 중국이 경제적으로 발전했지만, 정치적으로는 후퇴했다고 평가했다.

장쩌민은 덩샤오핑의 개혁개방 정책을 계승하면서도, 민주주의의 발전 인권의 향상을 위해서도 노력했다. 장쩌민은 1997년 홍콩을 영국으로부터 반환하고, 2001년 WTO에 가입하는 등 중국의 개방을 확대했다. 또한, 장쩌민은 1999년 천안문사태 이후 탄압받는 민주화 운동가들을 석방하고, 표현의 자유를 확대하는 등 민주주의를 발전시키기 위해 노력했다.

장쩌민의 평가는 덩샤오핑의 지도력에 대한 중국 내의 다양한 견해를 잘 반영하고 있다.

## 07. 시진핑의 덩샤오핑에 대한 평가

시진핑

시진핑은 중화인민공화국의 최고지도자로 공산당 총서기, 중앙군사위원회 주석, 중화인민공화국의 주석 등의 직책을 맡고 있다. 시진핑은 덩샤오핑을 자신의 정치적 롤모델로 여기며, 덩샤오핑의 개혁개방 정책을 계승하고 발전시키고 있다. 시진핑은 2012년부터 중국의 국가주석으로 재임해 오고 있다.

시진핑은 덩샤오핑을 다음과 같이 평가했다.

"덩샤오핑 동지는 전당, 전군, 각 민족 인민의 인정을 받는 뛰어난 영도자이자 위대한 마르크스주의자다. 위대한 프롤레타리아 혁명가, 정치인, 군사 전략가, 외교관, 검증된 공산주의 투사, 중국 사회주의 개혁, 개방 및 현대화의 주요 설계자, 중국적인 사회주의 길의 선구자, 덩샤오핑 이론의 주요 창시자다."

시진핑은 덩샤오핑의 개혁개방 정책을 높이 평가했다. 시진핑은 덩샤오핑이 중국의 경제 성장과 사회 발전을 위해 과감한 개혁을 추진했고, 그의 지도력이 중국의 국제적 위상을 높이는 데 기여했다고 평가했다.

그러나 실제로 시진핑은 자신만의 '새 시대'를 창조한다고 주장하고 덩샤오핑 이론의 개혁 지도적 입장을 자신의 '시진핑 사상'으로 대체하는데, 이는 중국 개혁에 뭔가 문제가 있음을 보여준다. 덩샤오핑이 주도한 개혁 노선이 부패와 사회 분열이라는 두 가지 심각한 후유증을 초래했기 때문에 시진핑은 혁신, 조화, 녹색, 개방, 공유의 5대 새로운 발전 이념을 제시하고 인민 사회를 재건했다.

시진핑은 덩샤오핑의 개혁개방 정책을 계승하면서도, 덩샤오핑의 권위주의적 통치 방식을 더욱 강화하고 있다. 시진핑은 2018년 중국 헌법을 개정하여 국가주석의 임기를 10년으로 연장하고, 2022년 중국공산당 20차 당대회를 통해 중국의 지도체제를 '총서기 중심제'로 개편했다.

2014년 시진핑은 연설을 통해 다음과 같은 평가를 하고 있다.

"덩샤오핑 동지는 우리 당을 지도하여 중화인민공화국 건국 이후의 역사적 경험을 체계적으로 정리하고 마오쩌둥 동지의 역사적 지위와 마오쩌둥 사상의 과학적 체계를 과학적으로 평가하며 새로운 현실과 발전 요구에 기초한 중국 사회주의 현대화의 올바른 길, 상호 연관된 이 두 가지 중요한 역사적 문제는 '문화대혁명'의 잘못된 관행과 이론을 완전히 부정했으며, 마오쩌둥 동지와 그를 부정하는 잘못된 사상 경향에 단호히 저항했다."

덩샤오핑 100주년 기념식에서 시진핑은 다음과 같이 평가하였다. "덩샤오핑 동지의 영광스러운 삶과 중화민족의 독립, 번영, 부흥과 중국 인민의 해방, 자유, 행복을 위한 위대한 공헌은 광활한 조국 땅에 영원히 기록될 것이다. 덩샤오핑 동지는 언제나 인민 가운데, 인민 마음속에 있다. 여기에서 우리는 다음과 같이 말하고 싶다: 안녕하세요. 샤오핑! 조국과 국민은 항상 당신을 그리워할 것이다!"

시진핑의 이러한 조치는 덩샤오핑의 개혁개방 정책의 성과를 유지하면서도 중국의 정치적 안정과 통제력을 강화하기 위한 것이다. 시진핑의 평가는 덩샤오핑의 지도력에 대한 중국 내의 다양한 견해를 잘 반영하고 있다.

## 08. 후진타오의 덩샤오핑에 대한 평가

후진타오는 정치인으로 전 중국공산당 중앙위원회 총서기이자 제6대 중화인민공화국의 주석이다. 후진타오는 덩샤오핑의 개혁개방 정책을 계승하고 발전시킨 인물이다. 후진타오는 1993년부터 2012년까지 중국의 최고지도자로서 중국의 경제 성장과 사회 발전을 이끌었다.

후진타오

후진타오는 덩샤오핑을 다음과 같이 평가했다.

"덩샤오핑은 중국을 근본적으로 변화시킨 위대한 지도자다. 그의 개혁개방 정책은 중국을 세계 경제의 강국으로 만들었다."

후진타오는 덩샤오핑 탄생 100주년 기념회의 연설에서 덩샤오핑을 "전당, 전군, 전국 각 민족 인민이 인정하는 높은 위신을 지닌 뛰어난 지도자, 위대한 마르크스주의자이자 위대한 프롤레타리아 혁명가다. 그리고 정치인, 군사 전략가, 외교관, 검증된 공산주의 투사, 중국 사회주의 개혁, 개방과 현대화의 주요 설계자, 덩샤오핑 이론의 창시자다"라고 평가하였다.

후진타오는 덩샤오핑의 개혁개방 정책을 높이 평가했다. 후진타오는 덩샤오핑이 중국의 경제 성장과 사회 발전을 위해 과감한 개혁을 추진했다고 평가했다. 또한, 후진타오는 덩샤오핑의 지도력이 중국의 국제적 위상을 높이는 데도 기여했다고 평가했다.

특히, 후진타오는 덩샤오핑이 개혁개방 정책을 추진하는 과정에서 발생한 어려움을 극복하기 위해 노력한 것을 높이 평가했다. 후진타오는 덩샤오핑이 개혁개방 정책을 추진하는 과정에서 발생한 내부의 반발과 국제사회의 압박을 극복하고, 중국의 경제 성장과 사회 발전을 이끈 것을 높이 평가했다.

그러나 후진타오는 2003년에 문화대혁명을 다음과 같이 평가하였다.

"덩샤오핑 동지는 중앙 지도부와 함께 시대의 요구와 인민의 염원을 준수하고 우리 당이 중화인민공화국 건국 이래의 역사적 경험을 체계적으로 정리하도록 지도했으며 문제를 해결했다. 마오쩌둥 동지의 역사적 지위와 마오쩌둥 사상의 과학적 체계에 대한 과학적 평가 문제, 현실과 발전이 요구하는 중국 사회주의 현대화 추진의 올바른 길을 확립하는 두 가지 중요한 역사적 문제가 근본적으로 부정됐다. '문화대혁명'의 잘못된 실천과 이론을 규탄하고 우리 당과 국가 발전의 올바른 방향을 설정한다."

2004년 후진타오는 자신의 연설에서 덩샤오핑을 다음과 같이 평가하였다.

"한 세대의 위대한 인물인 덩샤오핑 동지의 영광스러운 업적과 과학이론은 이미 지금도 그렇고 앞으로도 계속 중국과 세계를 변화시키고 영향을 미칠 것이다. 중국공산당은 덩샤오핑 동지와 같은 뛰어난 성원을 둔 것을 큰 영광과 자랑으로 여기고 있으며 중국의 각 민족 인민도 덩샤오핑 동지와 같은 위대한 지도자를 둔 것을 매우 자랑스럽게 생각한다. 중국공산당원과 중국의 각 민족 인민은 언제나 덩샤오핑 동지를 그리워하고 존경할 것이다. 덩샤오핑 동지는 우리의 마음속에 영원히 살아 있을 것이다."

후진타오의 덩샤오핑에 대한 평가는 다음과 같은 점에서 시중쉰과 양상쿤의 평가와 유사하다.

둘 다 덩샤오핑의 개혁개방 정책을 지지하고, 그를 중국의 현대화를 이끈 위대한 지도자로 평가했다. 또한, 덩샤오핑이 중국의 경제 성장과 사회 발전을 위해 과감한 개혁을 추진했고 그의 지도력이 중국의 국제적 위상을 높이는 데 기여했다고 평가했다. 그러나 후진타오의 평가는 시중쉰과 양상쿤의 평가보다 덩샤오핑의 개혁개방 정책을 계승하고 발전시킨 자신의 역할에 더 무게를 두었다는 점에서 차이가 있다.

## 09. 예젠잉의 덩샤오핑에 대한 평가

예젠잉

중화인민공화국의 성립 이후 중화인민공화국 원수 계급을 받았으며, 정계에 진출하여 광둥성의 성장과 광저우시장을 지냈다. 그는 소규모 자작농이 무척 많은 광둥성의 특수한 경제적 지위를 인식하고, 중국의 다른 지역에서 펼쳐지는 정책과는 달리 사유재산을 보호하였다. 이것은 계급투쟁을 강조하던 중국공산당의 정책과 상충되었고, 그래서 예는 린뱌오의 심복으로 대체되었다.

예젠잉은 덩샤오핑에 대해 다음과 같이 평가하였다.

"덩샤오핑은 중국의 개혁개방을 이끌며, 중국을 세계의 강대국으로 이끈 위대한 지도자다. 그는 실사구시의 정신으로 중국의 현실을 정확하게 파악하고, 그에 맞는 정책을 추진하였다. 또한, 그는 유연한 리더십으로 중국의 개혁개방을 성공적으로 이끌었다."

예젠잉은 덩샤오핑에 대해 "그는 항상 이랬다. 그는 독선적이고 다른 사람의 의견을 듣지 않는다. 그는 권력을 장악하는 것을 좋

아한다. 그는 남쪽 벽에 부딪히지 않는 한 뒤돌아보지 않을 것이
다."라고도 말했다.

예젠잉은 덩샤오핑의 개혁개방 정책을 긍정적으로 평가했다. 그
는 덩샤오핑의 개혁개방 정책이 중국의 경제 발전과 국제사회에서
의 위상 강화에 기여했다고 평가하였다. 또한, 덩샤오핑의 리더십
을 높이 평가하며, 그가 중국의 개혁개방을 성공적으로 이끌 수
있었던 원동력이라고 말했다.

예젠잉의 평가는 중국공산당 내에서의 일반적인 평가와 일치한
다. 덩샤오핑은 중국의 개혁개방을 주도하고, 중국을 세계의 강대
국으로 이끈 위대한 지도자로 평가받고 있다.

## 10. 다이옌쥔의 덩샤오핑에 대한 평가

다이옌쥔

1954년 9월 산시성 싼위안현에서 태어났다. 중앙당교 당 건설교학연구부 부주임, 교수, 박사급 감독, 중국개발포럼(CDF) 당 건설전문위원회 부주임, 중국연구원 학술위원회 부주임, 중앙당 학교 당 건설교육연구부 부주임 등을 역임했다.

다이옌쥔(戴焰軍)은 인민일보 온라인 기자와의 인터뷰에서 중국적인 사회주의에는 창조 과정이 있다고 말했다. 이 과정에서 덩샤오핑이 매우 중요한 역할을 했다. "우리는 문화대혁명 등 사회주의 발전의 길을 모색하는 과정에서 많은 문제에 부딪혔고 심지어 많은 좌절을 겪었다. 이 결정적인 순간에 덩샤오핑은 당을 이끌어 중국적인 사회주의 발전의 길을 계속 올바른 방향으로 탐색해 나갔다."

다이옌쥔은 중국적인 사회주의를 개척한 덩샤오핑의 선구적인 역할에 대해 이렇게 비유했다. "우리가 숲속에서 길을 탐색하는 것처럼 그는 우리를 올바른 방향으로 인도했다. 그래서 우리는 그

에게 경의를 표했다. 덩샤오핑의 평가는 매우 긍정적이다"라고 말
했다.

## 11. 스중취안의 덩샤오핑에 대한 평가

스중취안

1938년 후베이성 훙안에서 출생했으며, 베이징 중국 특색 사회주의 이론체계 연구센터 교수, 박사 지도교수, 마오쩌둥 사상연구소 소장, 덩샤오핑 이론연구회 임원, 중국공산당 중앙위원회 당 역사연구실 부주임, 중국 징강산 간부대학 이사를 역임하였다. 중국 공산당 역사학자이기도 하다. 연구 관심사로는 공산당사 등이 있다. 저서로는 『중국의 마오쩌둥 사상과 덩샤오핑 이론』이 있다.

스중취안(石仲泉)은 '덩샤오핑 이론의 주요 창시자'라고 불린다. 스중취안은 덩샤오핑에 대해 이렇게 평가했다.

"중국공산당 제15차 전국대표대회의 보고서는 마르크스-레닌주의와 중국 현실의 융합이 두 번의 역사적 도약을 이룩했다고 언급했으며, 두 번째 도약의 이론적 성과는 중국적인 사회주의 건설 이론이다. 그것을 이끈 사람이 바로 덩샤오핑이다. 우리 당에는 덩샤오핑 이론이라는 것이 있다. 덩샤오핑 이론은 당과 인민의 실천적 경험과 집단적 지혜의 결정체다."

스중취안 교수는 이어서 "덩샤오핑 이론은 집단적 지혜의 결정체이고 많은 주요 결정이 덩샤오핑을 핵심으로 하는 집단적 지혜를 통해 결정되기 때문에 덩샤오핑을 창시자라고 부르는 것이 더 현실적"이라고 말했다.

덩샤오핑의 역사적 업적을 평가하면서 시진핑 주석은 덩샤오핑의 고상한 자질이 "우리 당의 다른 구세대 혁명가들과 같다"라고 구체적으로 언급했는데, 이는 중국공산당이 다른 혁명가들에 대한 기억을 더욱 명확하게 반영하는 것이다.

## 12. 고르바초프의 덩샤오핑에 대한 평가

고르바초프

소련 및 러시아의 정치인. 소련 공산당 중앙위원회 제6대 서기장, 소련 최고회의 상무회 주석과 최고회의 주석을 거쳐 소련의 최초이자 마지막 대통령으로 재임했다. 고르바초프는 1985년부터 1991년까지 소련의 최고권력자로 군림하면서 소련 내의 개혁 정책인 글라스노스트(개방)와 페레스트로이카(개혁)를 추진했다. 동시에 20세기 후반을 대표하던 미국과 소련 간의 냉전을 종식한 인물이자 소련 해체를 야기한 정치인으로 평가받는다.

고르바초프와 덩샤오핑은 개인적인 친분이 있었다. 고르바초프는 1989년 중국을 방문하여 덩샤오핑과 회담을 했다. 두 사람은 냉전 해체와 양국 관계의 발전에 대해 논의했다.

고르바초프는 덩샤오핑의 개혁개방 정책을 높이 평가했다. 고르바초프는 덩샤오핑이 중국의 경제 성장과 사회 발전을 위해 과감한 개혁을 추진했다고 평가했다. 또한, 고르바초프는 덩샤오핑의 지도력이 중국의 국제적 위상을 높이는 데 기여했다고 평가했다.

　고르바초프와 덩샤오핑의 협력은 냉전의 해체와 양국 관계의 발전에 기여했다. 두 나라는 냉전의 해체에 대한 공조를 강화하고, 경제, 문화, 외교 등 다양한 분야에서 협력을 확대했다.

　그러나 고르바초프는 덩샤오핑의 지도력에 대해 우려하는 측면도 있었다. 고르바초프는 덩샤오핑이 중국의 정치개혁을 추진하지 않고, 경제개혁에만 치중하고 있다고 비판했다. 또한, 고르바초프는 덩샤오핑의 권위주의적 통치 방식을 우려하기도 했다.

　고르바초프의 이러한 우려는 1989년 천안문사태로 인해 현실이 되었다. 덩샤오핑은 천안문사태에서 학생 시위대를 무력으로 진압하여 중국의 민주화를 위한 노력을 저지했다. 이 사건은 고르바초프와 덩샤오핑의 관계에 큰 상처를 입혔다.

# 13. 대처의 덩샤오핑에 대한 평가

마거릿 대처

영국 옥스퍼드 대학교의 서머빌 칼리지에서 법학과 화학을 전공하고, 1959년 보수당 소속으로 영국 하원 의원에 당선되어 정계에 입문하였다. 이후 1961년~1964년 연금·국가보험 정무 담당 차관, 1970년~1974년 보수당 히스 내각의 교육부 장관, 과학부 장관을 지냈다. 그녀는 1975년에는 보수당의 당수로 선출되었는데 이는 영국 최초의 여성 당수였다. 1979년 총선거에서는 노동당의 제임스 캘러헌 전 수상을 누르고 승리하여 첫 여성 총리가 됐다. 1982년 아르헨티나와의 포클랜드전쟁에서 승리했다. 이후 국민의 지지를 지속적으로 얻어 1987년 총선거에 의해 3선에 성공하였고, 20세기 영국 총리 중에서 최장수 총리(11년 7개월간 재임)다.

대처와 덩샤오핑은 개인적인 친분이 있었다. 대처는 1982년 중국을 방문하여 덩샤오핑과 회담했다. 두 사람은 경제 협력과 외교 관계 강화에 대해 논의했다.

대처와 덩샤오핑의 협력은 중국과 영국의 관계를 발전시키는 데 기여했다. 두 나라는 경제, 문화, 외교 등 다양한 분야에서 협력을 확대했다.

대처는 덩샤오핑의 개혁개방 정책을 지지하고, 중국과의 경제 협력을 확대했다. 대처는 덩샤오핑을 다음과 같이 평가했다.

"덩샤오핑은 중국을 현대화하는 데 결정적인 역할을 한 위대한 지도자다. 그의 개혁개방 정책은 중국의 경제 성장과 사회 발전을 불러왔다. 그의 지도력은 중국의 국제적 위상을 높이는 데도 기여했다."

대처는 덩샤오핑의 개혁개방 정책을 높이 평가했다. 대처는 덩샤오핑이 중국의 경제 성장과 사회 발전을 위해 과감한 개혁을 추진했고 그의 지도력이 중국의 국제적 위상을 높이는 데 기여했다고 평가했다.

# 14. 즈비그뉴 브레진스키의 덩샤오핑에 대한 평가

즈비그뉴 브레진스키

즈비그뉴 브레진스키는 미국의 정치학자이자 국가안보보좌관을 지낸 인물이다. 1978년 5월 21일 덩샤오핑은 미국 국가안보보좌관 즈비그뉴 브레진스키와 회담했다. 브레진스키는 나중에 이렇게 말했다.

"덩샤오핑은 한순간에 나를 매료시켰다. 그는 기민하고 이해심이 많고 유머 감각이 뛰어나며 확고하고 솔직했다."

또한 브레진스키는 덩샤오핑을 다음과 같이 평가했다.

"덩샤오핑은 20세기의 가장 위대한 정치 지도자 중 한 명이다. 그는 중국을 부강하고 강대하게 만드는 데 결정적인 역할을 했다. 그의 개혁개방 정책은 중국의 경제 성장과 사회 발전을 불러왔다. 그의 지도력은 중국의 국제적 위상을 높이는 데도 기여했다."라고 말하면서 덩샤오핑의 개혁개방 정책을 높이 평가했다. 브레진스키는 덩샤오핑이 중국의 경제 성장과 사회 발전을 위해 실용적인 정책을 추진했다고 평가했다. 또한, 브레진스키는 덩샤오핑의 지도력이 중국의 국제적 위상을 높이는 데 기여했다고 평가했다.

제8장

덩샤오핑의 가족

# 01. 덩샤오핑의 가문

덩샤오핑 일가는 중화인민공화국 역사상 가장 유명한 가문 중의 하나다. 등씨 가문의 역사는 명나라 때까지 거슬러 올라간다. '덩 가계도'에 따르면 덩샤오핑의 첫 번째 조상 덩 허쉬안(鄧和軒)은 원래 장시성 지안현과 루링현에서 살았다. 덩 허쉬안(鄧和軒)은 명나라를 세운 홍무제 주원장의 휘하에서 무관으로 복무하다가 1380년 쓰촨성 광안(廣庵)에 파견·복무하게 되어 광안에 정착하였다. 이후 쓰촨성 광안에서 덩샤오핑 가문의 시대가 시작되었다. 덩씨 가문의 친척인 덩세민(鄧世民)은 한때 황실의 중요한 구성원이었으며 총리 직위에 오르기도 하였다.

등씨 가문의 인물 중에서 명나라에서 명장으로 유명하고, 조선의 정유재란에 출전하여 전사한 등자룡은 1531년 지금의 장시성에서 태어났다. 용모가 크고 민첩하여 그 누가 봐도 무관이 될 사람이었다. 1558년 그의 나이 27세에 무과에 급제한 후 지금의 장시성의 도적들을 평정하는 등 공을 세웠다. 또한, 당시 곳곳에서 일어난 남쪽의 반란을 여러 번 진압하여 명나라에서는 명장으로 이름을 떨쳤다.

진린이 조선으로의 출병에 앞서 준비를 하고 있을 때 등자룡이 자신의 아들 9명과 하인 200명을 데리고 찾아와 임진왜란에 출전하기를 희망했다. 이에 진린은 등자룡을 부사령관으로 삼아 참전하였다. 마지막 전투인 노량해전에서 이순신 장군을 도와 왜군과 치열한 전투를 벌이다 전사했기에 임진왜란을 통틀어 유일하게 전사한 명나라 장군이기도 하다.

덩샤오핑의 할아버지인 덩케다(鄧克达)는 청나라시대에 부유한 가정에서 태어나 일찍부터 좋은 교육을 받았다. 덩샤오핑의 할아버지인 덩커다(鄧克达)는 열심히 일하고 충성스러운 농부이자 유명한 지역 직공이었다. 그는 직물을 짜면서 점차 돈을 모았고, 천천히 가족 재산을 불리고 밭도 샀다. 덩샤오핑의 아버지 덩샤오창이 태어날 때 덩커다는 이미 200개(5개는 1에이커)의 토지를 소유한, 지역의 소규모 지주였다.

덩샤오핑 가족들이 함께 이용했던 우물

## 02. 덩샤오핑의 아버지

　　덩샤오핑의 아버지 덩샤오창(鄧紹昌: 1886~1936)은 중국 쓰촨성 광안현에서 1886년(청나라 광서제 12년)에 태어났다. 덩샤오창이 태어났을 때 그의 아버지 덩케다(鄧克达)는 40세가 넘었다.

　　덩샤오창은 사립학교를 다녔고 충칭의 청두 법률정치학교에서 2년 동안 공부했다. 그러나 덩샤오창이 12세 때 아버지가 병으로 사망하자 그 후에는 어머니가 홀로 집안을 꾸려 나가게 되었다. 더욱이 당시 중국은 이미 반식민지, 반봉건 사회에 머물러 있었고 사회가 혼란에 빠져 있었기 때문에 덩샤오창은 충칭에서의 학업을 그만두고 집에 가서 어머니의 농사를 도와야 했다.

　　덩샤오창(鄧少昌)은 충칭에서 유학할 때 일부 지방 관료들과 친분을 쌓았으며, 현대식 교육을 받으며 세상을 넓게 바라보았다. 그는 원래 보통 사람들에 비해 사려 깊고 재치가 뛰어난 사람으로 매우 자신감 있고 야심적이며 일을 하는 데 있어 확고한 의지를 가지고 있었다. 그러나 충칭에서의 유학 경험으로 인하여 개방적·낙관적이며 충성스럽고 활력이 넘쳤으며 사물을 종합적으로 생각하는 습관을 가지게 되었다.

　　이후 덩샤오창(鄧少昌)은 지역사회에 대한 관심을 가지고 이웃들에게 무슨 일이 있었는지 자주 물으며, 지역사회에 참여하게 함으로써 그 지역에서 유명해졌으며 영향력도 있는 사람이 되었다.

그는 '가로회(哥老会: 비밀결사조직)'를 결성한 후 리더로서 조직을 이끌었다.

덩샤오창은 청년동맹 및 광안현 청년동맹의 훈련국 국장이 되었으며, 1911년 혁명군에 입대해 신병훈련소의 관리관이 되었다. 1911년 신해혁명이 일어나자, 그는 광안에서 자신의 군대를 이끌고 무장폭동에 참여했다. 1914년에는 광안현 연대 훈련부장, 8현 합동 방위부 부사령관이 되었다. 당시 가족의 재정 상황은 꽤 좋았고, 한편으로는 가족을 부양할 돈을 벌 수 있었다. 또한, 자신의 밭에 대한 임대료를 받을 수 있어 경제적으로 풍요롭게 생활할 수 있었다.

혁명 이후 군벌은 지속적으로 싸우고 있었고, 지방 관리들은 끊임없이 변화하고 있었다. 덩샤오창은 일부 관리들과 마찰을 일으켜 직위에서 해임되었다. 이후 그는 도박으로 돈을 잃자 밭을 팔고 겨우 파산을 면한 뒤 다른 곳으로 도망갔다. 그는 고향을 떠나 7~8년 동안 해외로 도피하여 귀국하는 일이 거의 없었고 그의 가족은 점차 파산하게 되었다. 가장이 집을 떠나 있다 보니 가족의 삶은 점점 더 어려워져 갔다.

덩샤오창은 자식들에게 자애로웠지만, 잘못하면 엄하게 꾸짖기도 하고 매를 들어서 자녀들은 모두 아버지를 어려워했다. 덩샤오창은 자식들을 엄하게 대하고 자주 구타하고 꾸짖었지만, 개혁 사상을 가지고 있어 덩샤오핑을 프랑스로 유학을 보내기도 하였다.

덩샤오창은 1935년 향년 52세의 나이로 외지에서 병으로 사망했다.

아버지 덩샤오창     어머니 단씨

쓰촨성 광안현에 있는 덩샤오창 묘

        02. 덩샤오핑의 아버지

## 03. 덩샤오핑의 어머니

덩샤오창은 4명의 아내와 결혼해 모두 9명의 자녀를 낳았으나 2명은 일찍 사망하고 7명(남자 4명, 여자 3명)을 부양했다.

첫 번째 아내인 장부인은 결혼하여 자식을 낳지 못하고 채 2년도 안 되어 사망했다.

두 번째 부인은 덩샤오핑의 어머니인 단씨로 1902년에 결혼하여 3남 2녀를 두었다. 큰딸 덩셴리에(鄧善亭), 장남 덩샤오핑, 차남 덩켄(鄧墾), 셋째 아들 덩수핑(鄧蜀平), 둘째 딸 덩셴젠(鄧先珍: 10세에 병으로 사망) 등이 있었다.

세 번째 부인인 샤오(蕭氏)와의 사이에서는 넷째 아들인 덩셴칭(鄧先清)이 태어났지만, 곧바로 사망하였다.

네 번째 부인인 샤베르겐(夏伯根)은 자링강 뱃사공의 딸이었다. 전 남편이 병으로 사망한 후, 그녀는 덩샤오창과 재혼하였다. 그와의 사이에는 셋째 딸 덩셴푸(鄧先蓉: 유아기에 사망), 다섯째 딸 덩셴쿤(鄧先群)이 있었다.

1949년 덩샤오핑과 류보청(劉伯承)이 충칭에 도착하여 정착한 후 덩샤오핑은 고향인 광안에서 혼자 살고 있던 어머니 샤베르겐을 모셔와 2001년 사망할 때까지 충칭에서 함께 살았다.

덩샤오핑의 어머니인 단씨는 덩샤오창의 두 번째 아내였으며 광안시 왕시향 단자바 출신이었다. 어머니 단씨 가문은 장안의 왕자바 출신이며 현지에서 부유한 것으로 알려져 있었다. 1901년 덩샤오창과 단씨가 결혼했을 때 지참금으로 가난한 집에서는 감당할 수 없는, 크고 아름답게 조각된 마호가니 침대를 가지고 왔다. 단씨는 덩샤오창과의 사이에서 딸 2명, 아들 3명 등 5명의 자녀를 낳았는데, 덩샤오핑은 둘째였지만 집안에서는 장남이었다.

단씨는 학교에 가본 적이 없어 교육을 받지는 못했지만 좋은 아내이자 어머니였다. 그녀는 덩씨 가문에 시집간 후 노인들뿐만 아니라 자신의 아이들도 돌보는 한편, 집안일을 제대로 정리하였기에, 좋은 며느리이자 어머니로 소문이 났다.

덩샤오창이 해외에 나가 8년 동안 숨어 있으며 가족을 제대로 돌보지 않았기에 가족은 주로 어머니 단에게 의존하여 국내의 모든 크고 작은 문제의 해결에 대한 도움을 받았다. 단은 땅을 경작하기 위해 소작인을 부렸고 베 짜기, 누에 기르기, 돼지 먹이기, 빨래, 요리 등 집안일도 하였다. 그녀는 이웃들과 아주 잘 지냈으며, 마을 사람들이 어려운 일이 있을 때 종종 자신에게 도움을 요청하면 최선을 다해 도와주려고 노력하였으므로 지역에서 매우 좋은 평판을 얻고 있었다.

단씨의 자녀에 대한 사랑은 매우 특별하여 덩샤오창이 자녀를 가르칠 때마다 항상 그들을 위해 중재하거나 남편이 화를 내면 만류했다. 혁명 전쟁으로 피폐해진 시절, 그녀는 때때로 아이들과 함께 숨어 지내야 했다. 덩샤오핑과 그의 형제자매들은 어머니가 이야기를 들려주는 것을 매우 좋아했다.

단씨는 큰아들 덩샤오핑에 대한 기대가 컸다. 덩샤오핑은 나중에 이렇게 회상했다.

"저의 부모님은 저를 보물처럼 사랑하셨다. 제가 어렸을 때부터 매우 똑똑했기 때문에 부모님을 자연스럽게 저에 대해 큰 기대를 하시게 되었다. 부모님은 제가 관료가 되기를 바라시면서 우리 가족에게 미래의 행운과 빛이 될 것이라고 생각했다."

1924년 덩샤오핑은 프랑스에 있는 어머니에게 편지를 썼는데, 그 편지에는 아들이 더는 집에 갈 수 없고 가족을 부양할 수 없다는 내용이 적혀 있었다. 그녀는 너무 실망하고 아파서 울었고, 언제 아들을 다시 볼 수 있을지를 몰랐다. 어머니는 2년 뒤인 1926년에 병으로 세상을 떠났다.

덩샤오핑의 부모는 덩샤오핑이 성장하고 발전하는 데 큰 영향을 미쳤다. 덩샤오핑은 부모의 애국적인 정신을 이어받아 중국의 개혁 개방을 주도하는 위대한 지도자가 되었다.

덩샤오창은 자녀들이 성공하기를 바랐고 그들에 대한 큰 희망을 품고 있었으며, 아들의 학업을 지원하기 위해 투자를 아끼지 않았다. 덩샤오핑은 프랑스 유학 시절 수만 리 떨어져 있는 곳에 있는 아들을 경제적으로 지원하기 위해 이웃에게 땅을 팔고 돈을 빌렸다.

덩샤오핑은 세 번 결혼했다.

### 첫 번째 결혼

덩샤오핑의 첫 번째 부인은 장시위안(劉少英: 1907년 10월 28일
~1930년 1월)이다. 장시위안은 1907년 10월 28일 직예성 순천현
방산현에서 태어났다. 1924년 보정 제2여사범학교에서 공부했다.
1925년 가족은 베이징으로 이주했고 공식적으로 중국공산당에
가입했다. 1925년 11월 소련 모스크바의 쑨원대학에 입학하여 덩
샤오핑을 만났다.

1928년, 두 사람은 사랑 때문에 상하이에서 결혼했다. 1929년 여
름, 덩샤오핑은 무장봉기를 계획하기 위해 광시로 달려갔고, 장은
상하이에 머물렀는데, 덩샤오핑은 중국공산당 중앙위원회에 보고
하기 위해 종종 광시와 상하이를 오갔다. 1930년 초 덩샤오핑이 상
하이로 돌아왔을 때, 아내 장시위안은 진통을 느끼다가 보룡병원
에 입원했다. 덩샤오핑은 아내를 돌보기 위해 병원에 갔으나 장희
원은 출산한 후 며칠 만에 산욕열로 사망했다.

좌) 장시위안
우) 진웨이잉

## 두 번째 결혼

덩샤오핑의 두 번째 부인은 진웨이잉(金維映 1906년 8월 16일~ 1941년)이다. 진웨이잉은 1906년 10월 13일 안후이성 안휘성에서 태어났다. 본명은 진애칭이며 덩샤오핑과 동갑이다. 1919년 현여학교에서 학생운동에 참여했다. 1926년 2001년 중국공산당에 가입해 노동운동에 참여했고, 1927년 저우산 노동조합연맹의 집행위원으로 선출되었다.

두 사람은 1933년에 결혼하여 1남 1녀를 두었다. 아들 덩치아오(鄧小驤)는 1935년, 딸 덩란(鄧蘭)은 1936년에 각각 태어났다.

1938년에 진웨이잉은 덩샤오핑과 이혼했다. 그 이유는 알려지지 않았지만, 진웨이잉이 덩샤오핑의 정치 활동에 대한 회의감 때문에 이혼을 결심했다는 설이 있다. 덩샤오핑과 이혼한 뒤 중국공산당 중앙위원회 조직부장 리웨이한(李維漢)과 결혼해 아들 리철영(李鐵英)을 낳았다.


## 세 번째 결혼

덩샤오핑의 세 번째 부인은 주오 린(卓琳: 1916년 4월 6일~2009년 7월 29일)이다. 주오 린은 1916년 9월 29일 윈난성 쿤밍에서 태어났다. 그녀는 1938년 중국공산당에 가입했다.

두 사람은 대장정 시기인 1939년에 옌안에서 만나 결혼하여 1남 1녀를 두었다. 아들 덩리펑(鄧力群)은 1944년, 딸 덩룽(鄧榕)은 1946년에 각각 태어났다.

주오 린은 덩샤오핑과 함께 중국의 개혁개방을 이끌며 그의 곁을 지켰다. 그녀는 덩샤오핑의 정치적 조언자이자, 가정의 안주인이었다.

주오 린은 1997년 덩샤오핑이 사망한 후에도 그의 유지를 받들어 사회복지 사업에 힘썼다. 그녀는 2002년 9월 29일 베이징에서 93세의 나이로 사망했다.

주오 린과 덩샤오핑

덩샤오핑은 세 번 결혼하여 세 명의 자녀를 두었다. 첫 번째, 두 번째 결혼은 모두 정치적인 이유로 이혼했으며, 세 번째 결혼은 쥐린과 함께 중국의 개혁개방을 이끌며 평생을 함께 하며 이어졌다.

### 큰딸 덩린(鄧林)

덩린은 1941년 9월 11일 덩샤오핑과 주오린 사이에 허베이성 서현에서 태어났다. 태어나서 농민 가정에서 4년을 보냈다. 1955 베이징 사범대학교 중등학교에 입학하였으며, 1962년에 베이징 중앙미술학원(유화과)에서 공부했다. 1967년 CAFA 베이징을 졸업하고, 1977년에는 전문 화가가 되었다.

그녀는 중국 철강산업협회의 부회장 겸 당서기인 우젠창(吳建昌)과 결혼하였다. 현재는 진희그룹(홍콩) 명예회장, 스테인레스 스틸 유한회사의 사외 이사이자 중국 비철금속산업협회의 명예회장이다.

덩린                                        덩푸팡

## 장남 덩푸팡(鄧樸方)

1944년 4월 16일 산시성 랴오현 마천진 윤투디 마을에서 부모인 덩샤오핑과 주 오린 사이에서 태어났다. 그는 젊었을 때 당시 '고위 간부 자녀'를 위한 학교였던 베이징 제13중학교에 다녔다. 그는 1962년 북경대학에 입학하여 기술물리학을 공부했다. 그는 1965년 9월 중국공산당에 가입했고, 중국공산당 제15, 16기 중앙위원회 후보위원을 지냈다.

문화대혁명이 시작된 후 덩푸팡은 아버지와 연루되어 맹렬한 공격을 받았다. 1968년 초, 그는 북경대학 반군에 의해 북경대학 동문 밖의 회색 건물에 4~5개월 동안 투옥되었으며, 고문을 받았다. 5월, 덩푸팡은 기회를 이용하여 화장실에 갔다가 창문을 열고 3층에서 뛰어내렸는데, 이후 전신마비 환자가 됐다.

1975년 취업 기회를 얻어 중앙군사위원회 총판부 행정경제관리부에서 일했다. 아버지 덩샤오핑의 세 번째 복귀와 함께 덩푸팡의 위상도 높아졌다. 1984년 중국장애인복지재단 부이사장으로 자리를 옮겨 40세의 나이에 차관급 간부가 되었다. 이듬해 재단 이사장으로 승진했으며 현재까지 그 직책을 맡아오고 있다. 덩푸팡은 1988년 중국장애인연맹을 창립하고 20년 동안 장애인연맹 제1~4대 상임위원장으로 재임하면서 장애인의 복지 증진을 위해 많은 노력을 기울였다.

1999년 12월부터 장관급 진료를 받아왔고, 2001년 11월에는 공식적으로 장관급 간부로 지정됐다. 2008년 3월, CPPCC 제11차 전국위원회 제1차 회의에서 덩푸팡(鄧富阿)은 전국정협의 부주석으로 선출되어 국가지도자로 승진했다. 그는 같은 해 11월에 개최된 중국장애인연맹 제5차 전국대표대회에서 상임위원회 명예위원장으로 선출되었다.

2013년 3월, 68세의 덩푸팡(Deng Pufang)은 제12차 CPPCC 전국위원회의 첫 회의가 끝난 후 CPPCC 전국위원회 부위원장직을 사임했다.

### 둘째 딸 덩난(鄧南)

1945년 10월 15일에 쓰촨성 광안현에서 태어났다. 그녀는 덩샤오핑과 그의 첫 번째 부인인 장시위안(劉少英) 사이에서 태어난 차녀.

덩난은 어렸을 때부터 아버지 덩샤오핑의 정치 활동을 따라다니며 성장했다. 그녀는 베이징대학을 졸업한 후 중국 국무원 산하 중앙계획위원회의 연구원으로 일했다. 그녀는 1969년부터 1976년까지 문화대혁명으로 인해 강제 노동을 했다.

과학기술부 차관을 지냈고, 현재는 중국과기협회 사무국 제1비서 겸 부주석을 맡고 있다. 그녀는 중국공산당 제17기 중앙위원회 위원이며, 그녀의 남편인 장홍(张宏)은 중국과학원 과학기술개발국 주임이었다.

### 셋째 딸 덩롱(鄧蓉)

1950년 1월 25일에 윈난성 쿤밍에서 태어났다. 그녀는 덩샤오핑과 그의 세 번째 부인인 주오 린(卓琳) 사이에서 태어난 막내딸이다. 덩롱은 어렸을 때부터 아버지 덩샤오핑의 정치 활동을 따라다

니며 성장했다. 그녀는 1963년 베이징대학 법학과를 졸업했다.

졸업 후 덩룽은 중국 외무부에서 근무했다. 그녀는 1966년부터 1976년까지 문화대혁명으로 인해 격리되었다. 1977년 덩룽은 외무부에 복직했으며, 1983년부터 1998년까지 중국 사회과학원 국제관계연구소의 연구원으로 일했다. 이후 총정치국 조직부장, 주미중국 대사관 제3서기, 전국인민 대표대회 상무위원회 정치연구실 부주임, 민주법률 위원장, 중국 국제우호연락협회 부회장을 역임하였다.

『나의 아버지 덩샤오핑(My Father 덩샤오핑)』의 저자이기도 하다. 남편 허핑(He Ping)은 1946년 4월 훗날 참모장비부 소장을 지낸 허뱌오의 아들로 태어났다. 한때 중국폴리그룹주식회사 회장 겸 총경리를 역임하였다.

## 둘째 아들 덩지팡(鄧志芳)

1952년 8월에 태어났다. 북경대학 물리학과를 졸업하고 미국 로체스터대학교 물리학과에서 박사학위를 받았다. 그는 1993년 중국국제신탁투자공사 직속의 CITIC 산업투자(CITIC Industrial Company)의 회장을 맡았으며, 공식적으로 건설관리부 산하의 '절강 시팡그룹공사'에 합류했다. 또한 상하이 시팡전기기술유한회사의 총책임자를 지냈다. 1993년 5월 덩지팡은 수강, 창시 및 지아이와 함께 홍콩 상장 회사 '카이다투자개발(Kaida Investment)'을 공동으로 인수하고 이름을 '쇼우강그룹(Shougang Sifang)'으로 변경했다. 그의 아내인 리우 샤오유안은 미국 뉴욕의 로체스터대학교에서 생물물리학 박사학위를 취득했다.

## 06. 덩샤오핑의 손자녀

### 장손녀 덩 주오루이

덩 주오루이는 1972년 11월 14일에 태어났다. 미안 미안(Mianmian)이라는 별명을 가지고 있으며 덩난의 딸이고 그녀의 본명은 쭤란이다. 이전에는 중국국제은행(Bank of China International)에서 근무했다. 첸샤오루의 소개로 현재의 남편인 우샤오후이를 만났다.

### 외손자 우샤오후이(吳孝惠)

우샤오후이는 1966년 10월 18일에 태어났다. 전 안방보험 그룹 회장이다. 우샤오후이는 2018년 5월 10일 징역 18년형을 선고받고 4년 동안 정치적 권리를 박탈당했으며, 재산 105억 위안을 몰수당하고, 불법 소득과 그에 따른 이자를 회수당해야 했다.

### 손자 덩 주오디

덩 주오디는 1974년 4월 30일에 덩 린의 아들로 태어났다. 광둥 이젠투자유한회사(Yijian Investment Co. Ltd.)의 회장으로 근무하다가 2014년 3월 26일 심근염으로 사망하였다.

## 손녀 덩 주오위에

덩 주오위에는 1979년에 태어났다. 양양이라는 별명을 가지고 있으며 덩 롱의 딸이며 손자 중에서 세 번째다. 그녀는 미국 보스턴의 웨슬리 여자학교(Wesley School for Girls)에서 심리학을 전공했으며, 학업을 마친 후 베이징으로 돌아와 광고·홍보 분야에서 일했다. 이후 그녀는 남편 Feng Bo를 따라 캐나다로 이주했으며, 2010년에는 아들 펑란을 낳았다.

## 외손자 펑보

펑보는 1969년 10월 상하이에서 태어났다. 어머니는 덩리후이이며, 아버지는 국무원 고문, 민주동맹 중앙위원회의 부주석인 펑즈쥔(1937년 4월~2017년 2월 20일)이다. 펑보는 18세 때인 1987년 미국으로 유학했고, 1992년 샌프란시스코 모윤대학교에서 영화 연출을 전공했다. 샌프란시스코에서 마오다린, 리시모를 만나 1997년 중국으로 돌아왔다. 1990년대 중후반에는 시나닷컴과 아시아인포에서 자금을 조달했으며, 2004년 자본 투자자가 되기 위해 떠난 후 런칭 차원 투자 펀드(Lianchuang Ceyuan Investment Fund)를 공동으로 설립했다.

## 손자 덩쥐디

덩쥐디는 1984년 미국에서 공부하던 아버지 덩즈팡과 어머니 리우 샤오유안 사이에서 1986년 10월 17일에 태어났다. 그는 미국에서 태어났기에 미국 시민권을 가지고 있었다. 중국으로 돌아와 북경경산학교와 북경대학을 졸업했다. 2008년 듀크대학교 법학전문대학원에서 법학석사 학위를 취득한 후, 미국 뉴욕 법률사무소에서 근무했으며, 광시성 바이서시 핑 궈현부의 현행관을 지냈다. 미국에서는 성을 할머니 주오 린에서 주오로 바꾸었고, 영어 이름은 '데이비드 조우'였다.

# 참고 문헌

中共八大_中国共产党历届中央机构及主要领导人_央视网. news.cntv.cn. [2021-07-09].

第二十五章 临终时刻与身后之事. 人民网-中国共产党新闻网. [2023-10-13].

中共中央文献研究室. 《永远的小平: 卓琳等人访谈录》. 四川人民出版社. 2004. ISBN 978-7-220-06760-0

纪录片《邓小平》. 中国网络电视台. [2013-06-12].(2012-12-13).

来源：地方供稿. 石国庆 乐意, 编. 邓小平母校广安中学庆百年. 人民网. 2014-01-03 [2014-01-03].

来源：《广安日报》；摘自《党史博览》. 秦晶 乐意, 编. 在重庆留法预备学校. 人民网. 2016-08-16

邓小平获封"油印博士". 腾讯网. 2011-06-28

来源：光明网；作者：李同成. 马钟铝, 编. 1926年邓小平就读莫斯科中山大学 俄文名多佐罗夫. 凤凰网. 2012-09-0

来源：中国网. 栾春晖, 编. 费城坦普尔大学授予邓小平"名誉法学博士"学位. 南方网. 2002-10-20

中共中央文献研究室编, 杨胜群主编, 刘金田副主编(编). 《邓小平传(1904-1974)》上卷 香港第一版. 香港: 中和出版. 2014. ISBN 978-988-8284-56-6.

Benjamin Yang. Deng: a political biography. M.E. Sharpe. 1998. ISBN 978-1-56324-722-4(英语).

宋毅军. 邓小平为核心的中央领导集体形成始末. 人民网. 2013-06-08. (2019-10-31).

邓小平：改革开放的总设计师 改变中国人民的历史命运. 人民网. 2020-08-22.(2021-08-15).

新中国三代领导人祖居地 江西'人杰地灵'名不虚. 中国新闻网. 2003-12-18 [2022-02-27].(2010-12-02).

"打不倒的小个子"：邓小平的三落三起. 人民网.(2007-02-27).

邓小平"三落三起". 搜狐. 2007年.(2021-04-21).

邓小平与遵义会议精神. 人民网.《中共党史研究》.《广安日报》. 2017-12-27.(2022-10-21). 邓小平在70多年的奋斗历程中，经历过许多坎坷，有过"三落三起"，其人生中第一次"落"与王明"左"倾路线的统治紧密相关，此后的"起"则与遵义会议对"左"倾错误统治的终结紧密相连。

邓小平生平简介. 中国大百科全书出版社. 1999.(2019-05-25).

党的总书记变成了第二号"走资派". 搜狐. 邓小平纪念馆.(2007-02-26).

邓小平为什么要反对资产阶级自由化. 新浪网. 2014-11-05.

邓小平与拨乱反正(上篇). 中国网.《北京日报》.(2005-01-09).

王汉斌. 邓小平同志亲自指导起草一九八二年宪法. 人民网. 2004-09-28.(2019-08-28).

童之伟. 八二宪法与宪政.《炎黄春秋》.(2019-08-28).

田雷. 重读八二宪法：中国宪政的真问题. 观察者网.(2019-10-21).

论邓小平宪政思想. 中国知网.《中共南昌市委党校学报》. 2004.(2019-10-21).

吴伟. 邓小平为什么重提政治体制改革?.《纽约时报》.(2019-10 -21).

邓小平南巡讲话：奠定中国证券市场发展的春天. 中国改革论坛网.《金融时报》. 2010-12-15.(2020-06-23).

"坚决地试"中国股市发轫之端. 人民网. 2004-08-23.(2020-06-02).

1997年3月2日 邓小平骨灰撒入大海. 人民网.(2016-02-13).

《中国共产党章程》. 国史网. 新华网. 2012-11-18.(2017-02-23).

Compare: The next Silicon Valley? It could be here. Das Netz. 2017-07-11.

Compare: Shenzhen is a hothouse of innovation. The Economist. (2018-06-15)

Shenzhen aims to be global technology innovation hub - Chinadaily. com.cn. www.chinadaily.com.cn. [2018-07-26].

The rise of China's 'Silicon Valley' - CNN Video, [2018-12-01],(2018-12-02)

1979年1月1日出版的《时代》周刊，邓小平获选为1978年"年度风云人物".
人民网.《广安日报》. 2018-06-27.(2019-12-09).

TIME Magazine Cover: Deng Xiaoping, Man of the Year - Jan. 6, 1986.《时代周刊》.(2019-12-09).

洪振快.「新文革」使中國人不安.《纽约时报》. 2016-05-13.(2020-06-25).

茅于轼. 邓小平的贡献和局限性. 天则经济研究所.(2021-07-17).

傅高义著，冯克利译，香港中文大学出版社编辑部译校.《邓小平时代》.
香港: 中文大学出版社. 2012.

明报出版社编辑部.《一代偉人鄧小平》. 香港: 明报出版社. 1997. ISBN 962-357-922-5.

李辛芝、王月宗(编).《偉大的實踐，光輝的思想——鄧小平革命活動大事記》. 北京: 华龄出版社. 1990. ISBN 7-80082-011-4.

罗正楷.《邓小平早期革命活动》. 沈阳: 辽宁人民出版社. 1992. ISBN 978-7-205-01497-1.

赵晓光、刘杰.《邓小平的三落三起》. 沈阳: 辽宁人民出版社. 2001. ISBN 978-7-205-04689-7.

David S. G. Goodman. Deng Xiaoping and the Chinese revolution: a political biography 2nd. Routledge.

李新总主编，中国社会科学院近代史研究所中华民国史研究室，韩信夫、姜克夫主编(编).《中華民國史大事記》. 北京: 中华书局. 2011.

杨树标; 杨发祥.《冯玉祥家事》. 南昌: 江西人民出版社. 2003.

韩文甫.《鄧小平傳》. 台北: 时报文化. 1993. ISBN 978-957-13-0796-1.

邓小平.《我的自述》. 1968.

寒山碧原著，伊藤洁缩译，唐建宇. 李明翻译.《鄧小平傳》. 香港: 东西文化事业. 1993.

中共江西省委党史资料征集委员会.《邓小平在江西》. 北京: 中共党史出版社. 1994. ISBN 978-7-80023-805-5.

陈继安.《邓小平谈邓小平：从邓小平自述谈起》. 武汉: 湖北人民出版社. 1995.

中国人民解放军国防大学政治学院中共党史教研室.《中国共产党六十年大

事简介》. 北京: 中国人民解放军国防大学出版社. 1985.

曹应旺. 《邓小平的智慧》. 北京: 中共中央党校出版社. 1995.

夏以溶; 赵迎生. 《中国革命史话(1919-1949)》. 长沙: 湖南少年儿童出版社. 1995. ISBN 7-5358-1116-7. 第六卷.

艾沐. 《评说邓小平》. 长沙: 湖南人民出版社. 1999.

弗兰茨; 李强. 《邓小平传》. 兰州: 甘肃人民出版社. 1989.

张学良; 窦应泰. 《张学良遗稿: 幽禁期间自述、日记和信函》. 北京: 作家出版社. 2005. ISBN 978-7-5063-3450-1.

山西省史志研究院. 《山西通志》 36卷. 北京: 中华书局. 1997.

杨国宇、陈斐琴、王伟. 《刘邓大军征战记》. 昆明: 云南人民出版社. 1990.

谭一青; 袁德金. 《军事家邓小平: 我真正的专业是打仗》. 北京: 中国青年出版社. 2004.

邓小平. 《邓小平文选》 第三卷. 北京: 人民出版社. 1994.

唐义路. 《中国人民解放军全国解放战争史》 第三卷. 北京: 军事科学出版社. 1997.

吴东才. 《晋冀豫根据地》. 北京: 兵器工业出版社. 1990.

邓小平. 《邓小平文选》 第一卷. 北京: 人民出版社. 1994.

《中共中央北方局》资料丛书编审委员会. 《中共中央北方局》. 北京: 中共党史出版社. 2002.

中共中央文献研究室编, 杨胜群主编, 刘金田副主编(编). 《鄧小平傳(1904-1974)》中卷 香港第一版. 香港: 中和出版. 2014.

汪霖、冷溶. 《邓小平的思想发展概述》. 北京: 国防大学出版社. 1991.

云南省地方志编纂委员会. 《云南省志》 47卷. 昆明: 云南人民出版社. 2001.

张树军. 《中国共产党八十年历史纪事》. 武汉: 湖北人民出版社. 2001.

中共重庆市委党史研究室. 《邓小平与大西南 1949-1952》. 北京: 中央文献出版社. 2000.

袁永松. 《邓小平评历史》 编辑组, 编. 《邓小平评历史》. 北京: 中国言实出版社. 1998. Volume 3.

中共中央文献研究室编, 杨胜群主编, 刘金田副主编(编). 《鄧小平傳(1904-

1974)》下卷 香港第一版. 香港: 中和出版. 2014.

齐欣、佳盈.《邓小平与六十人》. 上海: 上海人民出版社. 2002.

路小可.《鄧小平的非常之路》. 北京: 人民出版社. 2001.

李健.《邓小平三进三出中南海》. 北京: 中国大地出版社. 1993. ISBN 978-7-80097-059-7.

杨少平、李军.《邓小平执政党建设思想研究》. 北京: 中国卓越出版公司. 1989.

郭林佩.《新时期基层党组织工作文库》. 北京: 红旗出版社. 1997. ISBN 978-7-5051-0092-3.

中国大百科全书总编辑委员会《经济学》编辑委员会(编).《中国大百科全书·经济类I》. 北京: 中国大百科全书出版社. 1988.

王双梅. 邓小平与20世纪60年代的国民经济调整.《党的文献》. 2011,(05) [2012-12-07].(2013-09-26).

张德祥.《现实主义当代流变史》. 北京: 社会科学文献出版社. 1997. ISBN 978-7-80050-911-7.

邓小平. 在中共第八届中央委员会第三次扩大的全体会议上关于整风运动的报告, 一九五七年九月二十三日.《人民日报》. 1957-10-19.

邓小平.《邓小平文选》 第二卷. 北京: 人民出版社. 1994.

李力安.《光辉的七十年》. 中国人民大学出版社. 1991.

罗平汉. 1959至1961年的右派摘帽工作.《党史研究资料》. 2000.

蒋建农.《毛泽东著作版本编年纪事 下》. 长沙: 湖南人民出版社. 2003.

龙平平、张曙、李纲.《邓小平研究述评》. 中央文献出版社. 2003.

林蕴辉.《中华人民共和国史(第四卷)·乌托邦运动》. 香港中文大学出版社. 2008.

吕书正.《解读邓小平》. 中央文献出版社. 2000.

陈继安、刘金田.《邓小平与20世纪政治人物》. 北京: 北京出版社. 1996.

David Bonavia; 黄康显.《鄧小平傳》. 明窗出版社. 1989

郑刚.《当代中国三次思想解放全录: 献给中共十一届三中全会二十周年》. 中共党史出版社. 1998.

京夫子.《血色京畿》. 联经出版. 2004

罗石贤. 〈鄧小平與中國風雲〉. 《明報月刊》1993年11月号(香港: 明报杂志有限公司).

罗石贤. 〈鄧小平與中國風雲〉. 《明報月刊》1993年9月号(香港: 明报杂志有限公司).

有林、郑新立、王瑞璞. 《中华人民共和国国史通鉴, 1949-1992》. Volume 3. 北京: 红旗出版社. 1993.

陈锡添. 东方风来满眼春——邓小平同志在深圳纪实. 新华网转自《深圳特区报》. 1992-03-26.

刘金田、张爱茹. 邓小平最后一次视察北京. 光明网. 2004-07-09.

张悦; 赵蕾. 十年前, 那个令人悲伤的夜晚. 南方周末. 2007-02-08.

大型电视文献纪录片《邓小平》背后的故事. 东方网. 2004-08-12.

解放军总医院 : 怀念"老南楼"灯光. 人民日报. 1997-02-26.

捐献角膜和遗体——邓小平的临终时刻与身后事. 东方网. 2004-08-13.

邓小平同志的家属致江总书记并党中央的信. 新华社. 1997-02-15.

杨继绳. 《邓小平时代: 中国改革开放二十年纪实》. 中央编译出版社. 1998.

United Nations. SECURITY COUNCIL 6327. United Nations. 2007-02-27.

罗石贤. 《鄧小平政海爭雄錄》. 香港: 利文出版社. 1994.

后邓小平时代 : 把"革命"进行到底. 田湘. 凤凰网. 2004-08-20

俞可平 : 邓小平与中国政治的进步. 北京大学中国政治学研究中心.

中国社会科学院直属编辑组编(编). 《要警惕右 但主要是防止『左』》. 北京: 中国社会科学出版社. 1992.

中共中央关于党的百年奋斗重大成就和历史经验的决议(全文). [2021-12-08].

邓小平彭真的反右角色. 开放杂志. [2015-05-14].

邓小平打麻将不理河南告急. 开放杂志. 2011-08-27.

纪坡民 : 我所了解的"1975年河南水灾"—— 对石磊编造对我'采访'的澄清和辩诬. 共识网. 2013-09-18

"八二宪法"的宪政因素——几部宪草宪法的比较研究. 香港中文大学. [2019-10-22].

周林刚：我国宪法上的专政概念与平等原则 （第3页）. 爱思想. [2019-10-22].

邓小平与反对资产阶级自由化. 国史网. [2019-10-30]. （原始内容存档于2020-09-12）.

邓小平提出反对资产阶级资产阶级自由化. 历史上的今天. [2019- 10-30].

邓小平为什么要反对资产阶级自由化. 新浪. [2019-10-30].

邓小平的政治体制改革为什么没成功?. 中国数字时代. [2019-10- 26].

茅于轼：邓小平的贡献和局限性. 天则经济研究所. [2019-10-26]. （原始内容存档于2021-07-17).

林行止. 《當年2004》. 香港: 天地图书. 2005.

海峡网-厦门日报. 邓小平纪念园正式开园. 新浪微博. 2003-10-02

邓小平铜像广场简介. 人民网. [2020-07-21].

文献纪录片《邓小平》. CCTV. [2014-09-23].

邓家人谈历史转折中的邓小平：我们心中的老爷子. 搜狐新闻. [2020-07-21]. （

中华人民共和国国务院. 《中華人民共和國國務院公報》. 中华人民共和国国务院秘书厅. 2006.

中华人民共和国国有资产监督管理委员会. 《中国中央企业》. 红旗出版社. 2007.

寒山碧. 《中共四大家族》. 香港: 东西文化事业公司. 1996.

中国金融家. 中国金融家杂志社. 2009.

集资诈骗与职务侵占两宗罪 安邦吴小晖获刑18年. 财新网. 2018-05-10 [2018-05-10]. （原始内容存档于2018-05-10).

新闻频道. 邓小平独孙邓卓棣的美国国籍真相. Wenxuecity.com. 2014-06-28 [2017-05-23]. （原始内容存档于2017-05-14).

邓小平唯一孙子下基层 任广西新安镇党委书记. 新华网. [2015-07-31]. （原始内容存档于2014-07-01).

情趣——10集电视专题片《小平十章》第8集解说词. 人民网. [2020- 07-22].

鄧小平的橋牌情緣. 人民网. [2020-07-22].

王平封、李佃强.《邓小平轶事》. 解放军文艺出版社. 2004.

何绍铭、张晓萍、梁玉秋.《再启航 纪念邓小平南方谈话发表20周年》. 北京: 中国经济出版社. 2012.

邓小平的足球情怀.《党史纵览》2008年08.

李凤梧.《中国现代伟人的家事》. 济南: 明天出版社. 1990: 304.

陈继安; 胡哲峰.《邓小平之魂: 走进邓小平的精神世界》. 中共中央党校出版社. 1997.

중국의 현대화 건설과 경제 대국화를 이끈 작은 거인
덩샤오핑 평전

**초판 인쇄**   2024년 08월 22일

**초판 발행**   2024년 08월 22일

**지은이**     이창호

**펴낸이**     이창호

**디자인**     모수진

**인쇄소**     거호 커뮤니케이션

**펴낸곳**     도서출판 북그루

**등록번호**   제2018-000217호

**주소**      서울특별시 마포구 토정로 253 2층(용강동)

**도서문의**   02) 353-9156 팩스 0504) 383-0091

**이메일**     bookguru25@naver.com

**정가**      22,000원

\*이 책의 저작권은 책 저자에게 있으므로 무단전제 및 복제, AI학습이용 금지등을 금합니다.

이 책을 무단 전제 또는 복제하면 「저작권법」 제136조에 의거 처벌을 받습니다.

\*파본은 구입하신 서점에서 교환하여 드립니다.

\*저자와의 대화를 희망할 경우 연락처 안내

 010-7223-1686 | leechangho21@hanmail.net